القيادة الابتكارية والأداء المتميز

حقيبة تدريبية لتنمية الإبداع الإداري

تأليف
الدكتورة سهيلة عباس

دار وائل للنشر
الطبعة الأولى
٢٠٠٤

رقم الإيداع لدى دائرة المكتبة الوطنية (٢٠٠٣/٦/١٤١٧)

٣٥٠٫١

عباس، سهيلة

القيادة الابتكارية و الأداء المتميز: حقيبة تدريبية لتنمية الابداع الاداري/ سهيلة عباس . - عمان: دار وائل، ٢٠٠٣.

(١٩٤) ص.

ر.إ.: ٢٠٠٣/٦/١٤١٧

الواصفات: التنمية الإدارية/ الإدارة/ التعليم المهني/ إدارة الأفراد

* تم إعداد بيانات الفهرسة و التصنيف الأولية من قبل دائرة المكتبة الوطنية

(ردمك) ISBN ٩٩٥٧-١١-٤٥٠-٠

* القيادة الابتكارية و الأداء المتميز:

حقيبة تدريبية لتنمية الإبداع الإداري

* الدكتورة سهيلة عباس

* الطبعة الأولى ٢٠٠٤

* جميع الحقوق محفوظة للناشر

تنفيذ وطباعة برجي بيروت-لبنان

تلفاكس: ٠٠٩٦١١ ٣٣٣٣٣٥

خليوي: ٠٠٩٦١٣ ٣٣٤٦٨٤

دار وائل للنشر والتوزيع

* الأردن - عمان - شارع الجمعية العلمية الملكية - مبنى الجامعة الاردنية الاستثماري رقم (٢) الطابق الثاني

الجبيهة) - هاتف: ٠٠٩٦٢-٦-٥٣٣٨٤١٠ - فاكس: ٠٠٩٦٢-٦-٥٣٣١٦٦١ - ص ب (١٦١٥)

* الأردن - عمان - وسط البلد - مجمع الفحيص التجاري- هاتف: ٠٠٩٦٢-٦-٤٦٢٧٦٢٧

www.darwael.com

E-Mail: Wael@Darwael.Com

الإهـــداء

إلى عائلتي لتضحياتهم وصبرهم

زوجي وأبنائي

طيف، أحمد وسيف

المؤلفة

الفهرس

الفهرس
الفهرس
الفهرس

الموضوع	الصفحة
المقومات المنطقية للقيادة الابتكارية.........	١٠
نظريات ونماذج القادة	١٥
القيـادة وداينميكيـة العمـل الجماعـي	٣٥
أسـس القيـادة الفعالـة لفـرق العمـل	٧٦
حالات حول جماعات وفرق العمل	٨٥
مقومات الأداء المتميز للأفراد والمنظمات...	٩٤
حالات عن الأداء المتميز والإبداعي	١٠٨
المسؤولية والقوة والقدرة لقيادته	١١١
استقصـاء تقيـيم الإمكانيـات والقـدرات القيادية.	١١٩
التطور الشخصي والمهني	١٢٥
مواصلة التركيز من قبل المديرين	١٣٠
التمييز والجودة	١٣٧
منظمات التعلم والإبداع	١٤٥
الفرضيات الرئيسة للإبداع	١٥٢
مهارات التخطيط الاستراتيجي والإبداع	١٥٧
التعاون وإدارة الاجتماعات	١٧١
الجودة ورضا الزبائن	١٧٤
الاستطلاعات كمحفزات للجودة	١٨٢
حالات لزيادة الخبرة	١٨٥

المقدمة

يعد التطوير الإداري المرتكز الأساس في النشاطات التنموية والتطويرية للمنظمات المعاصرة. وفي مجالات التطوير الإداري بل أهمها إعداد المدراء وإكسابهم المهارات القيادية والإدارية اللازمة لمواجهة التحديات التكنولوجية والاجتماعية والاقتصادية، هذه التحديات التي تتطلب المواجهة من خلال الأداء الإداري المتميز والإبداعي.

ان هذا الكتاب جاء لسد بعض النقص في المكتبة العربية فيما يتعلق بإجراءات وأسس تنمية وتطوير القيادة الابتكارية ولذلك فان الأسلوب الذي تم الاعتماد عليه في المحتوى هو مزج بين المفاهيم والأسس النظرية والإجراءات العملية مع تقديم بعض النشاطات (المهمات) المستقاة من واقع العمل الإداري بهدف تركيز اذهان المدراء على كيفية إنجاز المهمات الإدارية بكفاءة عالية مع اختزال الوقت والجهد اللازمين وصولاً إلى الأداء المتميز.

وعلى وفق التطورات في الأساليب الإدارية والقيادية الحديثة، فان التركيز في هذه الحقيبة كان على قيادة الجودة الشاملة من خلال قيادة الفريق والعمليات الجماعية وخلق شعور لدى العاملين بالشراكة من خلال تمكينهم أو إعطائهم المسؤولية

الكاملة عن إنجاز مهامهم، هذه القيادة التي لا بـد ان تمتلك الرؤية الاستراتيجية الواضحة عن المنظمة ومستقبلها مـع إقامـة جسوراً من التعـاون والمشـاركة بـين كافة أعضـاء المنظمة مـن خلال إزالة الحواجز النفسية والرسمية بـين الوحـدات والأقسـام وخلق ما يسمى بمنظمة التعلم وبيئة التعلم.

انطلاقاً من كل ما ورد أعلاه فان المحتويات الأساسية لهذه الحقيبة تتناول الخطوات الأساسية لبناء القيادة الابتكارية المساهمة في تنمية الإبداع.

إضافة إلى الاطار النظري والمهمات التي تضمنها الكتاب فان الحالات الواقعية والمفترضة احتلت جانباً مهماً كأساس تدريبي تتيح الفرصة للمدراء في فهم الواقع الإداري وتوقعات أو احتمالات الظروف المنوعة التي يواجهونها.

من المحتويات الرئيسة التي تم التركيز عليها ما يلي:

١- المقومـات المنطقيـة للقيـادة الابتكاريـة ونظريـات ونمـاذج القيادة الإدارية.

٢- القيـادة والعمـل الجماعـي وأسـس القيـادة الفعالـة لفرق العمل.

٣- مقومات الأداء المتميز للأفراد والمنظمات المتمثلة بالعملية الادارية المتضمنة تشجيع التفكير بالشراكة وربط الحوافز بالأداء.

٤- المسـؤولية والقـوة القياديـة المتمثلـة بالقـدرة عـلى تحديـد الأهداف الطموحة وتنمية نقاط القوة والقضاء عـلى نقاط الضعف.

٥- التطور الشخصي والمهني وذلك مـن خـلال الـتعلم والتعلـيم المتواصل.

٦- مواصلة التركيز وبذل الجهود القصوى في الأداء.

٧- التمييز والجودة من خلال اتقان الأدوار واكتسـاب الخـبرات المتنوعة.

٨- الابداع والابتكار والاخذ بمبادئ الـتعلم للوصـول إلى التفكـير الإبداعي.

٩- مهارات التخطيط الاستراتيجي كمهارات التكيف مع التغير ومهارات الاتصالات ومهارات الاتفاق في الرأي بين أعضاء الفريق.

ان معظم الفقرات الواردة في الكتاب تفضي في النهاية الى تحقيق الجودة الشاملة وهذا ما تم التركيز عليه كهدف أساسي في تطوير القيادة الإدارية.

المقومات المنطقية للقيادة الابتكارية

يصاحب التغيير والتطوير التكنولوجي المتسارع العديد من التغيرات سواء على مستوى المنظمات او المجتمع. فالاستراتيجيات التنظيمية واستراتيجيات الأعمال لابد ان تتغير لتواكب التكنولوجيا الجديدة، والهياكل التنظيمية لابد ان تتوافق هي الاخرى مع كل من الاستراتيجيات والبيئة التنظيمية من جهة ومع أي تغيير تكنولوجي من الجهة الاخرى. كما وانه من الملاحظ ان أي تغيير في المنظمة كبيئة داخلية لابد ان يتوافق مع التغيير في المجتمع (بيئة خارجية) ان كل هذه التغيرات تتطلب قيادة ذات رؤية فاحصة Vision هذه الرؤية تتوافق مع التفكير الخلاق والابتكاري الذي يقود الى النجاح والنمو المستمرين في المنظمة.

ان قائد القرن الواحد والعشرين لابد ان يضع في اعتباره حاجات البيئة الداخلية والخارجية، وان يركز على اسبقية البيئة الخارجية لاجراء التغييرات الداخلية في المنظمة، فالزبون هو الاكثر اهمية في وجود واستمرارية ونمو المنظمة.

ولذلك لابد من قيادة بخصائص وسمات معينة لمواجهة تحديات البيئة الخارجية المتمثلة بالتكنولوجيا، ومتطلبات الزبون والتغيرات الاجتماعية والاقتصادية اضافة الى متطلبات البيئة الداخلية في علاقته مع تابعيه أو المرؤوسين واسلوب ونمط قيادتهم لضمان تحقيق الأهداف التنظيمية ومواجهة التحديات الخارجية.

ان القيادة هي عملية داينميكية تعبر عن العلاقة التفاعلية بين القائد ومرؤوسيه أو تابعيه، اذ يمكن التأثير في سلوك المرؤوسين تأثيراً مباشراً اذا توفرت القناعة والفهم والادراك للقائد من قبل المرؤوسين، كما ويمكن للمرؤوسين من تقديم المعلومات الضرورية للقرارات، ولذلك فان القيادة عملية تواصل وتفاعل متواصل ومتغير حسب الموقف والظروف (داينميكي) حيث تعزى داينميكية القيادة الى التغيرات في البيئة الخارجية وكذلك ما يرتبط بها من تغيرات في البيئة الداخلية من سياسات واستراتيجيات والهياكل التنظيمية وكذلك التغير في الاحاسيس والمشاعر والتفاعلات الانسانية لذلك من الممكن تعريف القيادة بانها قدرة الفرد في التأثير في الآخرين وتوجيههم وإرشادهم من اجل كسب تعاونهم وحفزهم للعمل بدرجات كفاءة عالية لتحقيق الاهداف التنظيمية.

من هذا يتضح بان القيادة تعمل في مجال تنمية القدرة على تفهم مشاكل المرؤوسين وحفزهم على التعاون للقيام بالاعمال والمهام الموكلة اليهم وتوجيه طاقاتهم واستثمارها الى اقصى الدرجات للوصول الى ما تطمح اليه المنظمة وما تضعه من اهداف.

يتصف القائد الناجح بانه يعمل جاداً على تحسين مقدرته على معرفة المتغيرات البيئية الخارجية والداخلية وتحليلها بشكل عقلاني لتكوين الرؤية الواضحة والمتوافقة مع حاجات كل من الزبائن والعاملين في المنظمة.

ومن هذا المنطلق فان الادوار التي لابد ان يقوم بها القائد هي:

١- التقمص (Empathy) أي فحص المتغيرات المختلفة والنظر اليها من زاوية احتياجات ورغبات الاخرين وان يضع نفسه موضع المرؤوسين ويشعر بمشاعرهم وحاجاتهم واتجاهاتهم نحو العمل والمنظمة واهدافها ونحو زملائهم ونحو القيم التنظيمية.

٢- الادراك (Self Awerenes) ويمثل مقدرة القائد على تقييم نفسه بشكل صحيح وفق ما يراه الاخرون، ان ادراك الذات يساهم في تعديل السلوكيات التي يمارسها القائد والتي قد تكون غير سليمة من وجهة نظر المرؤوسين أو الآخرين.

٣- الموضوعية (Objectivity) وهي قدرة الشخص على تحليل الوضع الراهن تحليلاً عقلانياً دون تدخل العاطفة، فالقائد الناجح هو الذي يستطيع تحديد القوى التي تدفع المرؤوسين إلى سلوك معين، وقدرته على معرفة الكثير من المتغيرات البيئية الداخلية والخارجية.

من كل ذلك يتضح بان قائد القرن الواحد والعشرين لابد ان يتمتع بالقدرات التالية:

١- الرؤية Vision

٢- التفكير الابتكاري والابداعي Creative and Innovative

اذ ان الخصائص النوعية المطلوبة لقائد هذا القرن هي الرؤية التي تمثل قدرة القائد على ادراك حاجات السوق (الزبائن)

وكيفية مواجهتها واشباعها، ان الحاجة الى الرؤية العميقة والواضحة تتطلب معرفة بالبيئة الخارجية ومكونات البيئة الداخلية لكي يقدم الافضل من منتجات وخدمات لتحقيق رضا الزبائن.

كما وان القيادة المبتكرة هي التي تساهم في انتاج فكرة جديدة او منتج جديد او وضع نظرية وطرق عمل جديدة تؤدي الى تطبيق التكنولوجيا واجراء التغييرات المتوافقة معها لكي يكون المنتج النهائي (Output) بمواصفات وخصائص لم يعهدها السوق من قبل.

ان التفكير الابتكاري يتضمن الخوض في اعماق الظواهر التي يواجهها القائد والكشف عن العلاقة بين المتغيرات المختلفة وتحديد تلك التي لها دور اساسي في حل المشاكل. اذ ان دور القائد لا يكون في مواجهته المشاكل الاتية وانما في استشراف المستقبل والتحسب لمشاكله والمقدرة على الرؤية للوضع الافضل.

وانطلاقا من كل ذلك فان التفكير الابتكاري لابد ان يقود الى التغيير انسجاماً مع الحاجات والمتطلبات الانسانية (حاجات المرؤوسين) من جهة ومتطلبات التكنولوجيا واحتياجات السوق من الجهة الاخرى. ان امتلاك القائد الاداري للمهارات التمييزية لنقاط القوة والضعف في المرؤوسين وتوجيههم لتدعيم نقاط القوة والتقليل من نقاط الضعف من أهم المهارات القيادية.

نظريات ونماذج القيادة

ساهمت العديد من النظريات والابحاث في القيادة الادارية في توضيح مصادر القيادة وفاعلية القائد الاداري، سنوجز أهمها حسب التسلسل الفكري.

نظرية السمات الشخصية Traits Theory

تفترض هذه النظرية بان هنالك مجموعة من السمات أو الخصائص التي تفسر القدرات القيادية عند الافراد. من هذه السمات ما يكون مظهريا ومنها ما يكون نفسياً كالثقة بالنفس والقدرة على المبادرة والنضج الاجتماعي والذكاء والقدرة على التفكير والتحليل والشجاعة.. الخ.

وفق هذه النظرية فان القادة يولدون، فالقدرة القيادية هي صفة موروثة غير مكتسبة، وما قاله نابليون قد يشير الى ذلك، اذ قال "الأم تهز السرير بيمينها والارض بيسارها" رغم ذلك فان هذه النظرية فشلت في التفسير الواقعي للقيادة الادارية، اذ ان تطبيقات هذه النظرية محدودة فليس عملياً أو منطقياً ان تركز الادارة بصورة عامة وادارة الموارد البشرية خاصة على اولئك الافراد العاملين المتقدمين لشغل الوظائف الشاغرة ممن يمتلكوا الخصائص والسمات المناسبة ولا تؤدي دورها في خلق وتطوير الافراد عن طريق التدريب والتطوير. وهذا هو الدور الاساسي للقيادة الابتكارية، أي قيادة خلق جميع مكونات وعناصر العملية الانتاجية، فالقيمة التي نضيفها الى الانتاج او الخدمات لابد ان تسبقها إضافات الى من يقدم المنتج او الخدمة.

أن أهـم الانتقـادات التـي يمكـن توجيههـا الى هـذه النظرية هي:

١- عدم التحديد الدقيق للسمات القيادية الموروثة.

٢- عدم الاخذ بتأثير الجماعة على المواقف والسياسات الادارية.

٣- عدم خوضها في تحليل السلوك الانساني وتفاعلاتـه واكتفت بالتركيز على السمات.

ومجمل القول ان هذه النظرية لم تنظـر الى التفـاعلات بين القائد ومرؤوسين وبينه وبين البيئـة الخارجيـة وكيفيـة بنـاء العلاقات التي تخلق التفكير والسلوك القيادي لدى المرؤوسين.

النظريات السلوكية:

تركز هذه النظريات عـلى تفاعـل القائـد مـع الجماعـة وممارسة قيادتهم ولذلك فان هذا التفاعـل يـؤدي الى اكتسـاب الخبرات القيادية. ان شخصية القائد الناجح تتحدد وفق بعدين رئيسيين في علاقة القائد بتابعيه.

البعد الأول: تحديد ادوار العاملين لتحقيـق الأهـداف، اذ يقـوم القائد المبادر بتحديد المهام الرئيسـية لافـراد الجماعـة ومعـايير الاداء المطلوب منهم.

البعد الثاني: المناخ التنظيمي ونوعية العلاقـات السـائدة حيـث يركز القائد على خلق الثقة المتبادلة بينه وبين العاملين وتقـدير ادائهم واحـترام مشـاعرهم وتحقيـق حاجـاتهم ومسـاعدتهم في حل المشاكل.

ان هذا التفاعل بين القائد ومرؤوسيه يتضمن جانبين الاول الاهتمام في العمل او الانتاج Production Oriented والثاني العلاقات الانسانية او العاملين Human Oriented وهذا النموذج في القيادة الادارية عرف بالشبكة الادارية Managerial Grid لبليك وموتون Blake & Mouton .

انطلاقا من هذا التوجه للنظريات السلوكية فان الادوار الادارية للقائد وحسب ما حددها Mintzberg يوضحها الشكل الآتي:

شكل (١) انماط العملية الادارية والقيادية

امثلة	الادوار الرئيسية	انواع العمل الاداري
مدير مبيعات	نموذج يقتدى به حيث يؤدي الادوار التبادلية والتفاعلية	العمل التفاعلي
مدير الادارات العليا في المؤسسات الحكومية والمستشفيات والجامعات.	المتحدث والمفاوض	العمل السياسي
تمتلك منظمة صغيرة، او الرئيس التنفيذي للنشاط الحديث والذي يسعى لتطويره الى منظمة اكبر.	التأسسية والتفاوضية وتبادل الخبرات	المؤسس
مدير الادارة الوسطى او مدير العمليات	موزع موارد المنظمة	عمليات داخلية
المشرف على الخطوط الانتاجية او انجاز الاعمال.	مسؤولية إزالة التشويش والتنسيق للعمليات	مدير الاحتياجات الانية
مشرف وموجه ومدرب ورئيس مجموعة البحث والتطوير	قائد	ادارة وتوجيه الفريق
مدير مجموعة المتخصصين والخبراء	موجه ومتحدث باسم المنظمة	الخبير
المدير في الوظيفة الجديدة	موجه ومتبادل	المدير المبتدئ

النظرية الموقفية لفدلر Fiedler Contengency Theory

بدأ فدلر ابحاثه في ايجاد العلاقة بين سلوك القائد والاداء واهتم بتحديد فيما اذا كان القائد المتسامح تجاه مجموعته اكثر أو اقل احتمالاً بالحصول على انتاج مرتفع قياساً بالجماعة التي يقودها قائداً صلباً وصارماً (غير متسامح) ولقد طور فدلر وزملاؤه استقصاء للكشف عن اتجاهات الافراد نحو التعاون مع الزملاء سمي باستقصاء التفضيلات الادنى للعمل مع الاخرين Least Preferred Coworkers وكان الاستقصاء يتطلب من المستجيب بيان الاشخاص الذين ينظر اليهم بافضلية اقل في التعاون والعمل معهم. ولقد وضعت نقاط أو درجات لكل سؤال ثم قدم فدلر وزملاؤه افتراضاً هو ان النمط السلوكي للقائد يعتمد على ما اذا كان موقف الجماعة ايجابياً او غير اعتيادي بالنسبة له وكان الموقف او الحالة تتضمن ثلاثة ابعاد هي:

١- العلاقة بين القائد ومرؤوسيه والثقة بينهم، والولاء والحب، والصداقة..الخ

٢- هيكلية العمل: تنظيم العمل، برمجته، وضع الاهداف وتوضيحها، تحديد الادوار..الخ

٣- قوة المركز والصلاحيات والسلطات التي يتمتع بها القائد والتي تمكنه من اجبار المرؤوسين للانصياع له وتقبل قيادته وتوجيهاته.

ولقد توصل فدلر من خلال تحليل للنتائج الى ان النمط القيادي المناسب والذي يؤدي الى اقصى اداء يستند على ايجابية الموقف الخاص بفريق العمل فعندما يكون الوضع ملائما فان القائد الاكثر فعالية هو الذي يتبنى فلسفة تحقيق الهدف أي يكون تركيز القائد على الانتاج والانتاجية أما اذا كانت الظروف غير ملائمة كلياً وفق الابعاد الثلاثة يبقى الاتجاه نحو الانتاج والانتاجية هو النمط الاكثر فعالية، واذا كانت الابعاد الثلاثة متوفرة بدرجات مختلفة او مزيج غير متوازن فان القائد الذي يميل الى العلاقات الانسانية يكون فعالاً اكثر والشكل التالي يوضح ذلك.

شكل (٢) فعالية القيادة وفق نموذج فدلر

العلاقة بين القائد والمرؤوسين	هيكلية العمل	قوة المركز	نمط القيادة الفعالة
جيدة	منظمة	قوية	التوجه نحو العمل وتحقيق الاهداف
جيدة	منظمة	ضعيفة	التوجه نحو العمل
جيدة	غير منظمة	قوية	التوجه نحو العمل
جيدة	غير منظمة	ضعيفة	التوجه نحو العلاقات الانسانية
جيدة	غير منظمة	قوية	التوجه نحو العلاقات الانسانية
ضعيفة	منظمة	ضعيفة	التوجه نحو العلاقات الانسانية
ضعيفة	غير منظمة	قوية	الاعتماد على الاسلوبين التوجه نحو العمل وكذلك التوجه نحو العلاقات الانسانية
ضعيفة	غير منظمة	ضعيفة	التوجه نحو العمل

على الرغم من أهمية هذه النظرية في ابـراز جانـب مهـم وهـو العلاقة بين القائـد والتـابعين وتحديـد المهـام والادوار بوضـوح، لكن من الاستنتاجات المهمة التي من الممكـن استخلاصـها مـن خـلال الواقـع هــي محدوديـة المحتويـات الموقفيـة (الـثلاث) فالموقف القيادي قد يتضمن اكثر من هذه الابعاد الثلاثة.

نظرية المسار - الهدف Path - Goal Theory

يحاول القائد وفق هذه النظرية التـأثير عـلى تصـورات التابعين لاهدافهم وسبل تحقيقها، لذلك فان هناك اربعة انمـاط للقيادة يعتمد عليها القائد، هذه الانماط هي:

١- النمط التوجيهي Directive

٢- النمط المساعد او الداعم Supportive

٣- النمط المشارك Perticipative

٤- النمط الموجه نحو الانجاز Achievement Oriented

والشكل التالي يوضح هذه الانماط مع وصف مختصر لكل نمط

شكل (٣) الانماط القيادية وفق نظرية المسار - الهدف

النمط القيادي	الوصف
التوجيهي	يحدد القائد لتابعيه ما متوقـع ان ينجـزه كـل مـنهم، يعطي الارشادات الخاصة بالعمل، يحدد لهـم كيفيـة الاداء، يـوفر خطـط النشـاطات، يوضـح التعلـيمات والاجراءات الخاصة بتنفيذ الخطط.
الداعم	يكون القائد صـديقا للتـابعين ونموذجـا انسـانياً يلبـي حاجات ورغبات التابعين، يعتمد عـلى سياسـة البـاب المفتوح لمناقشة المشاكل التي يواجهها التابعين.

النمط القيادي	الوصف
المشارك	**يتشاور القائد مع التابعين ويحاول تشجيعهم على ابداء آرائهم واقتراحاتهم مع أخذ هذه الاقتراحات بنظر الاعتبار عند صناعة القرارات.**
التوجه نحو الانجاز	**يضع القائد اهدافاً متحدية ويتوقع من التابعين انجازها بمستوى عالي، يبحث القائد باستمرار عن التحسينات في الاداء، تتوفر الثقة العالية بينه وبين التابعين، يمنح التابعين الصلاحيات والمسؤوليات اللازمة لانجاز الاهداف.**

ان اختيار النمط المناسب يتطلب تشخيص الموقف، ومن الجدير ذكره ان النمط المناسب هو ذلك النمط الذي يؤثر في كل من:

أ- خصائص المرؤوسين او التابعين وبصورة خاصة قدراتهم ورغباتهم الحالية والمستقبلية.

ب- البيئة المتضمنة المهام التي ينجزها التابعون ونظام الصلاحيات الرسمية وفرق العمل الرئيسة والثقافة التنظيمية.

ان النمط الافضل والمرغوب فيه هو ذلك النمط الذي يحقق رضا التابعين ويدعم ويشجع حاجاتهم الذاتية ويؤدي الى تحقيق الاهداف وللاستفادة من هذه النظرية في حيز الواقع نعرض المواقف المختلفة والانماط القيادية المناسبة لها والتي توفر للمديرين المساعدات اللازمة لاختيار النمط القيادي المناسب والشكل التالي يوضح ذلك

شكل (٤) الانماط القيادية الفعالة في ظل المواقف المختلفة

الخصائص الموقفية	الانماط القيادية			
	التوجيهي	الداعم	المشارك	التوجه نحو الانجاز
هيكلية العمل				
منظم	كلا	نعم	نعم	نعم
غير منظم	نعم	كلا	كلا	نعم
اهداف واضحة	كلا	نعم	نعم	كلا
اهداف غامضة	نعم	كلا	كلا	نعم
خصائص المرؤوسين				
ماهرين	كلا	نعم	نعم	نعم
غير ماهرين	نعم	كلا	كلا	نعم
لديهم حاجة للانجاز	كلا	كلا	كلا	نعم
لديهم حاجات اجتماعية	كلا	نعم	نعم	كلا
الصلاحيات الرسمية				
واسعة	كلا	نعم	نعم	نعم
محدودة	نعم	نعم	نعم	نعم
مجموعة العمل				
شبكة اجتماعية قوية	نعم	كلا	نعم	نعم
متعاونين في الخبرات	كلا	كلا	نعم	كلا
الثقافة التنظيمية				
دعم المشاركة	كلا	كلا	نعم	كلا
التوجه نحو الانجاز	كلا	كلا	كلا	نعم

ان نظرية المسار - الهدف وفق ما ذكرناه تساعد المديرين في تشخيص مواقفهم.

النشاط التالي الذي هو عبارة عن استقصاء للمديرين لتشخيص النمط القيادي المناسب وفق ما تم ايضاحه في جدول (٤)

مهمة (١) الاسئلة التالية هي لتحديد نمط القيادة المتبع والمفضل من قبلك؟

١- ما هي طبيعة البيئة التي تحيط بها منظمتك؟ مستقرة، بسيطة

٢- ما هي طبيعة مهام التابعين؟ هل هي روتينية أم غير روتينية؟ هل هي مهيكلة أو غير مهيكلة؟

٣- أي نمط من الانماط القيادية الواردة في نظرية المسار – الهدف يتوافق مع البيئة المعقدة؟ البيئة المتغيرة؟

٤- أي نمط يؤدي الى تدعيم وتماسك خصائص التابعين؟

٥- هل تغير النمط القيادي مع بعض جماعات العمل أي هل ان هنالك علاقة بين النمط القيادي وخصائص التابعين؟

نموذج فروم ويتيون

تركز هذه النظرية على فكرة المشاركة في صنع القرارات وتضع السؤال التالي: الى أي مدى يسمح القائد لتابعيه في المشاركة في صنع القرارات؟ وتجيب النظرية على ذلك بان مشاركة التابعين يعتمد على العوامل التالية:

أ- متطلبات الجودة للمشكلة (مشكلة القرار)

ب- موقع المعلومات الخاصة بالمشكلة.

جـ- هيكلية المشكلة.

د- قبول القرار من قبل المتأثرين به.

هـ- عمومية الأهداف التنظيمية

و- الصراع المحتمل عند حل المشكلة أو اثناء صنع القرار.

هناك خمسة مداخل لصنع القرارات تتدرج من المدخل الفردي الى المدخل الجماعي والشكل التالي يوضح ذلك .

شكل (٥) عملية صنع القرارات للمشاكل الفردية والمشاكل الجماعية حسب مستويات المشاركة

القرارات الخاصة بمشاكل الافراد	القرارات الخاصة بمشاكل الجماعات
١- يصنع القرار من قبل المدير مستخدما المعلومات المتوفرة وقت صنع القرار.	يصنع القرار من قبل المدير مستخدما المعلومات المتوفرة وقت صنع القرار.
٢- يتم الحصول على المعلومات الضرورية من المرؤوسين ومن ثم يصنع المدير القرار بنفسه وقد يعلم المرؤوسين حول ماهية المشكلة.	يحصل المدير على المعلومات الضرورية من المرؤوسين ويصنع القرار بنفسه بعد ان يستشير المرؤوسين في البدائل التي يحددها.
٣- يتم اشراك المرؤوسين في عملية صنع القرار من خلال ما يطرحونه من افكار ومن ثم يقوم المدير بصنع القرار الذي يراه والذي قد يعكس او لا يعكس وجهة نظر المرؤوسين.	يتم اشراك المرؤوسين في عملية صنع القرار وفق ما يطرحونه من افكار ومن ثم يقوم المدير بصنع القرار الذي يراه والذي قد يعكس أو لا يعكس وجهة نظر المرؤوسين.

القرارات الخاصة بمشاكل الافراد	القرارات الخاصة بمشاكل الجماعات
٤- يتم اشتراك بعض المرؤوسين في تحليل مشكلة القرار وبعد تبادل الافكار والمعلومات يتم صنع القرار سوية بين المدير والتابعين المشاركين والذي قد يكون في الغالب واحد من ذوي المعرفة.	يتم اشراك المرؤوسين بشكل جماعي من خلال اللقاءات وطرح الافكار الجماعية ومناقشتها ومن ثم يتم التوصل الى القرار الذي قد يأخذ برأي الجماعة كلا او جزءاً.
٥- تفوض مشكلة القرار لواحد من المرؤوسين وتوفر له المعلومات الضرورية مع منحه الصلاحية لحل المشكلة بنفسه فهو يصنع القرار والمدير يصادق عليه.	تفوض مشكلة القرار لجماعة العمل حيث يتم مناقشتها والتوصل الى البدائل ومن ثم الاجماع على الحل او البديل النهائي ودور المدير يكون لتنسيق المناقشات وتوجيهها وليس التأثير في رأي الجماعة.

نموذج دورة الحياة The Life Cyele Model

يحاول هذا النموذج ربط المعرفة السابقة حول القيادة ويأخذ بنظر الاعتبار استعدادات التابعين المتضمنة قابلياتهم ورغباتهم لانجاز مهام محددة.

ان استعدادات التابعين تتحدد بدافعية الاداء والقابلية على تحمل المسؤولية لانجاز المهام المحددة والخبرات والمستوى التعليمي المناسب للمهمة. ان نموذج دورة الحياة يربط بين كل من المهمة والسلوك حيث ينجم عن هذه العلاقة اربعة انماط قيادية يحددها الشكل الاتي:

شكل (٦) القيادة الموقفية وفق نموذج دورة الحياة

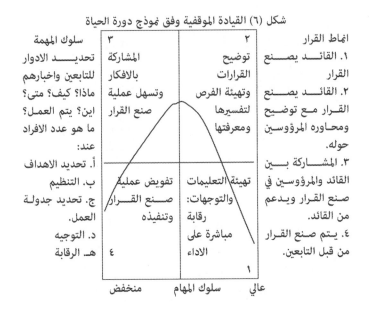

سلوك المهمة	٣	٢	انماط القرار
تحديــد الادوار للتابعين واخبارهم ماذا؟ كيف؟ متى؟ اين؟ يتم العمل؟ ما هو عدد الافراد عند: أ. تحديد الاهداف ب. التنظيم ج. تحديد جدولة العمل. د. التوجيه هـ. الرقابة	المشاركة بالافكار وتسهل عملية صنع القرار تفويض عملية صنع القرار وتنفيذه ٤	توضيح القرارات وتهيئة الفرص لتفسيرها ومعرفتها تهيئة التعليمات والتوجهات: رقابة مباشرة على الاداء ١	١. القائد يصنع القرار ٢. القائد يصنع القرار مع توضيح ومحاوره المرؤوسين حوله. ٣. المشاركة بين القائد والمرؤوسين في صنع القرار ويدعم من القائد. ٤. يتم صنع القرار من قبل التابعين.

عالي   سلوك المهام   منخفض

السلوك الانساني

الاتصالات المتبادلة بين القائد والتابعين،

يستمع، يسهل، يعطي دعما، يوضح

يوفر تغذية عكسية

استعداد التابعين

منخفض	متوسط	متوسط	عالي	
١	٢	٣	٤	
غير قادر وغير راغب (غير مضمون)	غير قادر لكن راغب (موثوق به)	قادر لكن غير راغب (غير مضمون)	قادر وراغب (موثوق به)	القابليـة تعتمـد علـى المعرفـة الضـرورية والخبرة والمهارة
التوجه نحو القائد		التوجه نحو التابعين		الرغبة تعتمد على الثقـة المتبادلـة والولاء والدافعية

يلاحظ من هذا النموذج انه عندما يتوافق سلوك القائد مع مستوى الاستعدادات من قبل التابعين فانه سينتج اداء اعلى من قبل التابعين،وادناه الاوصاف التي من الممكن الاستفادة منها في التطبيقات الخاصة بالقيادة الموقفية.

النمط الاول	النمط الثاني	النمط الثالث	النمط الرابع
اخبار	بيع	اشراك	تفويض
ارشاد	توضيح	تشجيع	ملاحظة
توجيه	تفسير	تعاون	اشراف
بناء وتأسيس	إقناع	التزام	اشباع

الشكل التالي يوضح وصفا تفصيلياً للسلوكيات والاجراءات المعتمدة في كل نمط من انماط السلوك القيادي الاربعة وتصورات القائد وفق كل نمط

شكل (٧) وصف السلوكيات القيادية

النمط القيادي	الاجراءات المعتمدة	المعتقدات الفكرية
الاخبار	يحدد القائد المشكلة، يحدد الحلول ويعلن القرار للمرؤوسين لاجل تنفيذه من قبلهم	يشعر القائد بان اشراك المرؤوسين في عملية صنع القرار غير مهم وغير مجدي ولذلك لا يقدم أي فرصة لذلك.
البيع	يتحمل القائد مسؤولية تحديد المشكلة وصنع القرار النهائي مع محاولة اقناع المرؤوسين لقبول القرار	يتفهم القائد بانه لا بد ان تكون مقاومة من قبل المرؤوسين عندما يعلمهم بالقرار لذلك يحاول البحث عن طرق لتقليل المقاومة واقناعهم

النمط القيادي	الاجراءات المعتمدة	المعتقدات الفكرية
المشاورة	يحـدد القائـد المشكلة، يستشـــير المرؤوســـين للحلول المحتملة ومن ثم يعطى القرار النهائي.	يفهـم القائـد ضرورة استقاء افكار مـن المرؤوسين ويعتقد بـان ذلـك يزيـد في التـزام المرؤوسـين ودعمهـم للحـل النهائي
المشاركة	يحدد القائد المشكلة مـن ثم يشـرك المرؤوسـين في صنـع القـرار النهائي، يفوض القائد المسؤولية الخاصة بصناعة القرار الى المرؤوسين.	يعتقد القائد بـان المرؤوسين قـادرين في صناعـة القرارات ذات الجـودة ويرغبـون بعمـل الشيء الصحيح ويعتقد القائد بـان المـوارد البشـرية سـتكون مستثمرة بشكل جيد عندما تكـون صـلاحية صنـع القرار ممنوحة لهم.

مهمة (٢) اكمل ما يلي: اشر على واحد أو اكثر من الخيارات

١- انا كمدير أميل باسـتمرار لاسـتخدام (... الاخبـار، ... البيـع، ... المشاورة، ... المشاركة)

٢- انا كمدير أميل احياناً في اسـتخدام (... الاخبـار، ... البيـع، ... المشاورة، ... المشاركة).

٣- الظروف التالية تحدد اعتمادي وميلي الى الاخبار :

- النقص في مهارة المرؤوسين.

- النقص في المعرفة والادراك من قبل المرؤوسين.

- السرعة في القرار.

- الخوف من الخطأ

- عدم توفر الرغبة لدى المرؤوسين.
- الخوف من سيطرة المرؤوسين على المنظمة.
٤ الظروف التالية تحدد اعتمادي وميلي الى: المشاركة
- رغبتي في تطوير المرؤوسين.
- اعتقادي بان الرغبة في العمل سوف تزداد لدى المرؤوسين عند اشراكهم
- اعتقادي بان المقاومة ستقل تجاه القرار المتخذ
- رغبتي في التحرر من المسؤولية.
- درجة تأثير القرار على اكبر عدد من المرؤوسين.
- درجة تأثير القرار على عموم المنظمة.

نموذج القيادة التحويلية:

القائد التحويلي هو القائد الملهم الذي يستخدم ابداعاته والهامة في التأثير في تابعيه، فهو يتحدث للتابعين حول كيفية الاداء ويثق بهم ويستخدم الكثير من الوسائل غير الاعتيادية لتجاوز الواقع الذي يزخر بالاخطاء محاولا تغييره من خلال التابعين والشكل التالي يوضح خصائص القائد التحويلي مقارنة بغير التحويلي

شكل (٨) مقارنة بين القائد التحويلي والقائد غير التحويلي أي التقليدي

الابعاد السلوكية	القائد غير التحويلي	القائد التحويلي
علاقته وتفاعله مع الوضع الراهن	يرغب بابقاء الوضع كما هو دون تغيير	يكافح لتغيير الوضع الراهن
الاهداف المستقبلية	تنبثق من الوضع القائم دون إحداث تغيرات جوهرية.	رؤية ثاقبة متطلعة الى التغير الجوهري للوضع الراهن.
القابلية على المحاكاة والمماثلة للاخرين	التوجه باتجاه الاخرين ومحاولة تقليدهم دون تفكير.	توجه مشترك مع من هم في أفضل وضعية ورؤية مثالية لتحقيق التميز على الافضل.
الثقة بالاخرين	عدم رغبة في الاندماج مع الاخرين والاقتناع بهم	تكريس الجهود وإثارة الحماس ورغبة في تحمل المخاطر
الخبرة	خبرة في استخدام المتوفر له من وسائل وما محدد من اطر واساليب عمل ليحقق الاهداف	خبرة استخدام الوسائل غير الاعتيادية وتجاوز المألوف والتقليدي في اساليب العمل.
السلوك	معايير سلوكية تقليدية	معايير سلوكية غير تقليدية
التحسس البيئي	لا يرتكن الى التحليل البيئي للحفاظ على الوضع الراهن	حاجة قوية للتحسس والتحليل البيئي لتغير الوضع الراهن.

الابعاد السلوكية	القائد غير التحويلي	القائد التحويلي
وضوح الالفاظ	ضعف الوضوح في وضع الاهداف وعدم وضوح في استخدام الوسائل القيادية	وضوح عالي للمستقبل وتحديد دقيق للوسائل القيادية التأثيرية.
اساس القوة ومصدرها	قوة الموقع والقوة الشخصية المعتمدة على الخبرة والمركز الاجتماعي	قوة شخصية معتمدة على الخبرة واعجاب التابعين بالسمات الملهمة والبطولية.
العلاقة بين القائد والتابعين	البحث عن الاجماع في الآراء والاعتماد على الاوامر والتوجهات المباشرة	تحويل اتجاهات التابعين الى دعم وتنفيذ التغيرات الجذرية.

يلاحظ مما سبق بان القائد التحويلي يغير المنظمة من خلال تمييز الفرص المتاحة واغتنامها وتطوير الرؤيا ومناقشة هذه الرؤيا مع اعضاء الجماعة مع بناء ثقة في هذه الرؤيا وهذا يتم عن طريق تحفيز الجماعة فهو أي قائد الجماعة يساعدهم في تحديد حاجاتهم والحاجات التنظيمية الخاصة باجراء التغيرات المناسبة وتشجيعهم على بناء شبكة اتصالات خارج المنظمة، لغرض الكشف عن خطط وتوجهات المنافسين من جهة وللتعلم منهم من الجهة الاخرى. لذلك فان القائد التحويلي يخلق رؤية جديدة مشتركة بينه وبين اعضاء الجماعة، هذه الرؤية تؤدي الى زيادة مستويات الولاء للمهمة التي يؤديها اعضاء الجماعة والمنظمة التي ينتمون اليها.

ان القائد الملهم (التحويلي) يمكنه تغيير تشكيلة الفريق ويساهم في إعادة تأطير طريقة التفكير وهو يفوض الصلاحيات المناسبة للمساعدة في انجاز الاهداف وتحقيق التغيير الجذري من خلال الربط بين المهمات الفنية والسياسية والثقافية وتكاملها.

مهمة (٣): استقصاء القيادة الابتكارية والنموذج التحويلي

وفق الابعاد السلوكية العشرة المحددة في جدول (٨) حدد امثلة عملية عن كل سلوك من هذه السلوكيات التي يمكن ان تواجهها وتقوم بها في منظمتك كقائد غير تحويلي وكقائد تحويلي: انظر الى المثال الآتي وحدد (٧) امثلة عملية

الابعاد السلوكية	القائد غير التحويلي امثلة تطبيقية	القائد التحويلي امثلة تطبيقية
العلاقة والتفاعل مع الوضع الراهن	لا يتقبل الاقتراحات واساليب العمل الجديدة	يشجع استخدام الاساليب والطرق الجديدة ويكافيء الجهود والامكانيات المتميزة

القيادة الريادية Supeleader Ship

يتقدم القائد الريادي خطوة على القائد التحويلي حيث ان هذا القائد يساعد التابعين في اكتشاف واستخدام وتعظيم قابلياتهم وهو مشابه للقائد التحويلي حيث يتيح الفرصة للتابعين في المساهمة بفعالية مع سياسات المنظمة من خلال الصلاحيات التي يفوضها لهم. يبدأ القائد الريادي بقيادة ذاته Self-Leadership أي التأثير على مكوناته الذاتية عن طريق التعلم المستمر وتنمية الذات ان هناك استراتيجيتين لتنمية الذات في ظل القيادة الريادية،

الاستراتيجية التي تركز على السلوك واستراتيجية التركيز على الادراك والتعلم وفيما يأتي شكلاً يوضح مكونات كل استراتيجية

شكل (٩) استراتيجيات تنمية الذات (القيادة الريادية)

استراتيجية التركيز على السلوك	استراتيجية التركيز على الادراك والتعلم
الملاحظات الذاتية: جمع المعلومات عن بعض السلوكيات التي تتطلب التغيير.	تشكيل الاتجاهات الفكرية لكيفية انجاز الاعمال.
الاهداف الذاتية: تحديد اهداف العمل، اعادة التصميم للمهام على ضوء الاهداف، تطبيق المهارات الذهنية (الفكرية) والجسمية لانجاز المهام. تهيئة العوائد والحوافز وربطها بالاداء. تهيئة انظمة الانضباط وربطها بالسلوكيات غير المرغوب فيها. اعادة تنظيم المهام والسلوكيات ومحاولة تقليص الانحرافات بين السلوكات المرغوبة والسلوكيات غير المرغوب فيها.	تدعيم الاتجاه نحو محتوى العمل واهميته في بناء وتطوير الذات. تركيز التفكير في العوائد التي يتضمنها العمل وليس العوائد الخارجية. بناء انماط التفكير الفعالة بناء العادات والاتجاهات الفعالة البحث عن الفرص والتحديات من خلال التعلم وبناء المدركات العالية للبيئة ومتغيراتها.

ان القائد الريادي يحاول جعل المرؤوسين قادة حيث يتحول من اعتماده على الاهداف المحددة له الى اهداف يحددها هو لنفسه،

هـذه الاهـداف غالبـاً مـا تكـون ابتكاريـة، تعـزز السـلوكيات الداخلية لدى القائد.

مهمة (٤) تمرين فردي

على ضوء استراتيجيات تنمية الـذات وتشكيل القيادة الابتكارية ما هي الخطوات العملية لبناء القيادة التحويلية من بين جماعات العمل المختلفـة في منظمتـك. حـدد (٦) خطـوات مناسبة ودورك كقائد اداري في كل خطوة من حيث التسهيلات التي تقدمها وفق النموذج الاتي:

خطوات تشكيل القيادة الابتكارية	الادوار الاداري ة (مثال)	الادوار المعلوماتي ة (مثال)	الادوار الابداعية والابتكارية (مثال)	الادوار الاستراتيجية (مثال)
بنــــاء الذات	التخط يـط والرقا بـة الذاتية	احـداث انظمـــة تعليميـة وتكـوين منظمـة التعلم	اعــادة تصـميم الوظائف مـن خـلال اسلوب اثراء الوظيفة	تشكيل فرق الادارة العليا التـي تضـم مــدراء الاقسـام والوحــدات الاساسية

القيادة ودانيميكية العمل الجماعي

تعد الجماعات من المكونات الاساسية للمنظمات فهي الاساس في البناء التنظيمي المعاصر، اذ ان التوجهات المعاصرة نحو تنفيذ الاعمال والمهام في قبل الجماعات وليس الافراد. وفي اية منظمة هناك الجماعات الرسمية أي الجماعات التي توكل اليها مهام واعمال رسمية وتحدد البناء التنظيمي للمنظمة وتمثل في الاقسام والتشكيلات المختلفة ومن ضمنها اللجان وفرق العمل والجماعات غير الرسمية التي تظهر ضمن التنظيمات الرسمية يحكم العلاقات الشخصية والتقارب النفسي او الاجتماعي الذي لا تحدده المنظمة وانما ينشأ لاشباع حاجات شخصية واجتماعية لدى العاملين.

ان تركيزنا في هذه الفقرات حول قيادة التنظيمات الرسمية أو الجماعات الرسمية ومن أهم هذه الجماعات ما يأتي:

١- الجماعات الوظيفية Functional Groups

وهي الجماعات الرسمية التي يتم تحديدها بقرار من الادارة التنفيذية وتتحدد علاقتها بعضها البعض وفق سياسات ونظم وقواعد المنظمة، تتمثل هذه الجماعات الوظيفية بالاقسام والوحدات التنظيمية الاصغر داخل المنظمة. وهناك جماعات وظيفية تمثل جميع الاقسام في المنظمة للقيام بمهام مشتركة، هذه الجماعة تسمى الجماعات أو الفرق الوظيفية الخليطة Cross Functional Teams .

٢- جماعات المهام Task Groups

تشكـل هـذه الجماعـات لانجـاز مهمـة او عمـل أو مشروع محدد وينتهي عملها حال انتهاء المهمة المكلفة بها وقد تكون هذه الجماعـات مـن اعضـاء ينتمـون الى اقسـام وادارات مختلفة.

٣- اللجان Committies

عبارة عن فرق يتم تشكيلها عادة لدراسة موضوع او موضوعات معينة تتعلق بالنشاطات التنظيمية، قد تكون هذه اللجان دائمة او وقتية تنتهي حال الانتهاء من المهمة المكلفة بها مثل لجان المشتريات والجرد ولجان اختيار الموظفين.

٤- فرق العمل المختلفة Work Teams

في العديد من المـنظمات المعاصرة في ظل التطبيقـات الادارية الحديثة برزت الحاجة الى تشكيل فـرق لادارة وتوجيـه العمليات التنظيمية، اذ ان فرق العمل أصبح لها دورهـا البـارز في تحقيق الكفـاءة والفاعلية التنظيميـة فعمـل الاعضـاء ضـمن فريق يشجعهم في استثمار افكارهم بدرجة اكبر قياسا بالاعمال المنجزة من قبل الافراد اذا ما عملوا كافراد وليس كجماعة .

ان الاتجاهات الحالية نحـو الجـودة وتحسـين النوعيـة للمنتجـات والخـدمات تطلبت تشكيل فـرق عمـل للاهـتمام بالجودة Quality Circle Teams تطورت هـذه الحلقـات في ظـل ادارة الجـودة الشـاملة الى فـرق الادارة الذاتيـة -Self managed Teams حيث تعمل هـذه الفـرق بمستويات اداء عالي عندما يتم تشكيلها لتضمن اعضاء بمستويات مهارية عالية ومن تخصصات مختلفة،

اذ ان اعضاء مثل هذه الفرق يتم تدريبهم على نشاطات متنوعة ليتبادلوا المهام مع الاعضاء الاخرين في الفريق هذه الفرق مسؤولة عن تحسين نوعية المنتجات او الخدمات من خلال تحديد المشاكل ومحاولة معالجتها في موقعها، اذ يتم منحها الصلاحيات الخاصة بالتخطيط والتنفيذ والرقابة على ادائها Plan-Do-Control ان توزيع الصلاحيات بهذا الشكل يساهم بشكل مباشر في اتاحة الفرصة لهم لاشباع حاجاتهم الذاتية والتركيز على تحقيق رضا الزبائن، ومن بين فرق العمل الاخرى والمهمة في المنظمات المعاصرة فرق حل المشاكل Problem Solving Teams حيث تتكون هذه الفرق من مجموعة من العاملين الذين تناط بهم مشكلة محددة ويطلب منهم دراستهم ووضع الحلول لها ويحل هذه الفرق حالما تنتهي من المهمة الموكلة اليها.

أياً كان نوع وطبيعة عمل الجماعة وفرق العمل فلابد من قيادة تحدد الكثير من الجوانب الخاصة بالعمل الجماعي، اذ ان هنالك مستلزمات ومتطلبات قبل تشكيل الجماعة وهنالك مستلزمات اثناء عمل الجماعة وهناك مجموعة اخرى من المستلزمات بعد انتهاء الجماعة من مهمتها.

الخبرة السابقة في العمل مع الجماعة

تؤثر الخبرة السابقة في الحياة وفي العمل بصورة خاصة في تشكيل سلوكيات اعضاء الجامعة وتحديد اتجاهاتهم الايجابية أو السلبية في العمل مع الجماعة، وتتفاوت هذه السلوكيات وفق عوامل اساسية من أهمها سمات الشخص

وخصائصه وإمكانية حكمه على العمل الجماعي ورغبته في ذلك ومنها ما يتعلق بالاعضاء الاخرين وخصائصهم والتزامهم ودرجة تعاونهم بعضهم مع البعض الاخر.

كما ان قائد الجماعة له دور مهم وفعال في تشكيل وبناء الخبرات لدى اعضاء الجماعة وكذلك المهمة او العمل الموكل انجازه للاعضاء قد يكون له اثر في بناء الاتجاهات الايجابية او السلبية لدى اعضاء الجماعة، فالمهمة المعقدة والتي يصعب حلها والتي لا تناسب مع قدرات الجماعة قد تؤدي الى الاتجاهات السلبية وعدم وضوح الادوار وغيرها.

كما ويمكن ان تكون للظروف البيئية المادية اثر واضح.

وعلى ضوء ذلك دعنا نتناول هذه المهمة لنرى تأثير هذا العامل (الخبرة) على اتجاهاتنا نحو الجماعة.

مهمة (٥) جماعية

١- ما هي العوامل التي جعلتك تنظر بايجابية الى العمل مع الجماعة.

٢- ما هي العوامل التي جعلتك تنظر بسلبية الى العمل مع الجماعة.

اقرأ الفقرات الواردة في الجدول التالي والتي توضح الاسباب التي تشجعك والاسباب التي لا تشجعك للعمل مع الجماعة واذكر باختصار كل سبب كان ضمن خبرتك السابقة.

م(٥)

	أسباب شخصية		أسباب تتعلق بالأعضاء		أسباب تتعلق بالقائد		أسباب تتعلق بالمهمة		أسباب تتعلق بالظروف البيئية		أسباب تتعلق بالتسهيلات	
	سلبية	إيجابية	سلبية	إيجابية	سلبية	إيجابية	سلبية	إيجابية	سلبية	إيجابية	سلبية	إيجابية
	عدم وجود رغبة	تحمل المسؤولية	الغياب المستمر لاعضاء الجماعة	عدم وجود صراع	لا يحفز الجهود	يهيء جدول الأعمال بدقة	اكبر من قدراتي	تتوفر لدينا المعلومات	ضيق المكان	توفر خدمات الاكل وما يشرب	عدم وجود المستلزمات الورقية	وجود جدول أعمال
١												
٢												
٣												
٤												
٥												
٦												
٧												
٨												
٩												
١٠												
١١												
١٢												

العمل في مجموعات

نموذج

قائمة تمثل خبرات سلبية

١- لم أكن أرغب حقاً بأن أعمل مع هذه الجماعة.

٢- إن وجودي مع هذه الجماعة لم يكن باختياري.

٣- لم يكن دوري واضحاً.

٤- لم أر لي دوراً واضحاً.

٥- عمل الآخرين على تجريدي من صلاحياتي.

٦- عندما لعبت ذلك الدور لم يتعاون معي أحد.

٧- رغم إنجازاتي لم يقدم لي أي حافز.

٨- كان معظم العمل ينصب علي كنت اقوم بمعظم عمل المجموعة.

٩- تساوي من يعمل بمن لا يعمل.

١٠- البعض كان يتصرف بفوقية.

١١- شخصية القائد كانت ضعيفة.

١٢- التسويف والتأجيل كان سمة واضحة.

١٣- في كثير من الأحيان لم يكن معنا صلاحيات.

١٤- لم يكن يتوافر أي نوع من التسهيلات والمواد اللازمة.

١٥- خلافات البعض من الأعضاء انعكست على الكل.

١٦- يتغيب أعضاء الجماعة كل مرة.

١٧- لم يكن هناك جدول أعمال واضح.

١٨- في كل مرة كنا نخرج عن جدول الأعمال.

١٩- الأدوار لم تكن واضحة مطلقاً.

٢٠- كنت أصغر الموجودين سناً، فكنت أشعر بالخجل من الكبار.

٢١- المهام كانت غامضة جدا.

٢٢- كنت وحدي مع مجموعة من الجنس الآخر.

٢٣- في حقيقة الأمر لم يكن لي خبرة ودراية في ما تعمله المجموعة.

٢٤- لم يكن لدي الوقت الكافي.

٢٥- كنت أشعر بالخوف من التصريح بنوع خاص من المعلومات.

٢٦- القرار كان يصنع في مكان آخر.

٢٧- الهيئات العليا لم تكن تأخذ بتوصياتنا

٢٨- خدمات الطعام والشراب كانت سيئة.

٢٩- وضع الرجل غير المناسب في المكان غير المناسب.

٣٠- القائد كان متسلطاً.

٣١- الجميع كان يتحدث في وقت واحد.

٣٢- ثقافة بقية الأعضاء كانت تختلف عن ثقافتي.

٣٣- كانوا يتحدثون بالأجنبية كثيرا وكنت لا أفهم.

٣٤- لم أشعر بقيمة وجودي.

٣٥- كان الآخرون يسعون الى السيطرة علي.

٣٦- كنت أحاول السيطرة ولم أنجح في مسعاي.

٣٧- كان كل أثنين يتحدثان معا، فكنت أشعر بالتهميش.

٣٨- في البداية كان الأمر صعباً، واستمر كذلك لأن أحداً لم يساعدني.

٣٩- حلت المجموعة قبل إتمام العمل.

٤٠- عندما كنت أبدأ الحديث كان أحد منهم يوقفني.

٤١- ربما كنت حساساً إلى حد كبير.

٤٢- كل شيء كان ممنوعاً.

٤٣- كنا نجلس وكأننا في غرفة صفية.

٤٤- الحرارة كانت عالية جدا وكذلك البرودة شديدة.

٤٥- كانوا يشعرونني بدونيتي.

من الممكن الاستفادة من هذا النموذج في استقصاء العاملين في المنظمة بصورة عامة للكشف عن درجة استعدادهم للعمل الجماعي من جهة ولتمكين المديرين من وضع وتحديد الإجراءات اللازمة لرفع الدافعية نحو العمل الجماعي من خلال إزالة العوائق المتمثلة بالخبرات السلبية بعد تشخيصها بموجب هذا الاستقصاء.

إدارة مجموعات العمل
قائمة استقصاء اولية لتحديد فاعلية الجماعة

١- هل ظهر أي شكل من أشكال الخلاف بين الأعضاء؟

٢- ما هـو شكل الاخـتلاف الـذي ظهـر؟ وكـم مـرة ظهـر ذلـك ومتى؟

٣- هل كانت هناك أحاديث جانبية؟ من مع من ومتى ولمتى؟

٤- هل إتسمت المناقشة بالحدة؟

٥- ما هي أشكال الحدة؟

٦- من احتد مع من؟

٧- متى كان هذا الاحتداد؟

٨- هل ظهر من يرغب بالسيطرة؟ من على من؟

٩- هل كان هناك جدول أعمال واضح ومحدد؟

١٠- هل التزم الحضور بجدول الأعمال؟

١١- هل خرج الحضور عن جدول الأعمال؟

١٢- كم مرة خرجت الجماعة عن جدول أعمالها؟

١٣- ما هي مدة الخروج عن جدول الأعمال؟

١٤- هل يمكن أن تصف هذه الجلسة بأنها جلسة تعاونية؟

١٥- هل إنسحب أي من المشاركين؟

١٦- ما هو عدد المنسحبين؟

١٧- ما هي أشكال الانسحاب؟

١٨- هل تمت إدارة الوقت بفاعلية؟

١٩- هل اتيحت الفرصة للجميع بالمشاركة؟

٢٠- هل التزم أحدهم الصمت طوال الوقت؟ من هو ولماذا؟

٢١- هل كان شكل الجلسة مناسباً؟

٢٢- هل هناك من يقاطع أيا من الآخرين؟

٢٣- هل هناك تجانس بين الأعضاء؟

٢٤- ما هي أشكال التجانس الموجودة؟

٢٥- هل توصلت الجماعة الى قرار؟

٢٦- هل هنـاك قواعـد سـلوك أصـلاً متفـق عليهـا، وهـل التـزم الجميع بقواعد السلوك؟

٢٧- هل انفض الاجتماع دون اتفاق؟

٢٨- هل أبدى الأعضاء احتراماً لآراء بعضهم؟

٢٩- هل حدث أو يحدث أي تشويش خارجي؟

٣٠- ما هو مصدره؟

٣١- ماذا فعل الرئيس او غيره تجاه هذا التشويش؟

٣٢- هل استمر العمل مع التشويش؟

٣٣- هل هناك من يحدث نوعاً من الفكاهة؟

٣٤- هل هناك فترة استراحة؟

٣٥- هل هناك تداخل في الأدوار؟

٣٦- ما هي الأدوار التي ظهرت؟

٣٧- هل هناك من يقدم خدمات للجماعة من خارج اعضائها؟

٣٨- هل درجة حرارة الغرفة مناسبة؟

٣٩- هل هناك من كان يتململ كثيراً؟

٤٠- هل هناك من كان يجلس بشكل يوحي بالاهتمام؟

٤١- هل كان الجميع يرى الجميع بوضوح؟

٤٢- هل اعتذر احدهم من عدم إمكانية التواصل؟

٤٣- هل كان الرئيس هو اكثر المتحدثين؟

٤٤- هل تعتقد بأنك سجلت شيئاً خطأ؟

٤٥- هل برزت قدرات مختلفة لدى البعض؟

٤٦- هل احتاجت الجماعة الى تأجيل بحث موضوع لعدم توافر المعلومات الكافية؟

٤٧- ما هو جنس أفراد المجموعة؟

٤٨- هل إتسم الاجتماع بروح الفريق؟

٤٩- هل هناك أحد يحضر لأول مرة؟

الاستقصاء أعلاه ذا أهمية كبيرة للمديرين والمدربين والمتدربين من العاملين، اذ يتيح الفرصة لتحديد نقاط الضعف والقوة في إدارة الفريق وكذلك في اتخاذ الإجراءات والسياسات المناسبة لإزالة نقاط الضعف وتدعيم نقاط القوة والوصول إلى الأداء الأفضل للفريق.

خصائص العمل الجماعي

تتحدد فاعلية العمل الجماعي بمجموعة مـن العوامـل الاساسية والتي أهمها ثلاثة مجموعات من العوامل هي:

١- العوامل المرتبطة بالاعـداد والتهيئـة للجماعـة / المستلزمات القبلية.

٢- العوامل المرتبطة بالعملية الجماعية اثناء تفاعل الجماعة.

٣- العوامل المرتبطـة بـالاجراءات المعتمـدة بعـد انتهاء مهمـة الجماعة.

العوامل المرتبطة بالاعداد للجماعة

من المهم تحديد فيما اذا كانت هناك حاجة الى العمـل الجماعي في المنظمة ام ان المهمة يمكن ان تنجز من قبل الافراد كأفراد وليس كجماعات واي المهـام يمكـن اناطتهـا الى الجماعـة وما هي صـفات ومـؤهلات اعضـاء الجماعـة التـي تنجـز هـذه المهام وما هو حجم الجماعـة المثالي ومـا هـي الادوار المحـددة لاعضاء الجماعة.

من اهم خصائص العمل الجماعي المتضمنة هـذه العوامـل مـا يأتي:

١- حجم الفريق Team size

من الممكن ان يكون حجم الفريق صغيراً ويتكـون مـن عضوين فاكثر ومن الممكن ان يكون كبيراً الى حـد (١٥٠) عضـو لكن في اغلب المنظمات غالبا ما يكون عدد اعضاء الفريق (١٥) عضوا وعلى الرغم من عدم وجود عدد مثالي

لاعضاء فريق العمل ولكن الكثير من المهتمين من اداريين ومتخصصين يرون بان انجاز المهام بفاعلية وتحقيق أقصى النتائج تكون بالعمل مع فريق يتكون من (٧) اعضاء اذ ان حجم الفريق بهذا العدد يمكن ان يحقق فوائد عديدة منها التنويع في المهارات والقدرة على التفاعلات والاتصالات الفاعلة بين الاعضاء والشعور بالتقارب بين كل عضو من اعضاء الجماعة. اذ الحجم الاكبر أو الاصغر من هذا العدد قد يكون فاعلاً ولكنه بنفس الوقت يخلق تحديات أمام قائد الفريق، اذ ان المشاركين في الفريق الصغير المكون من (٢-٤) اعضاء غالبا ما يؤدي الى اعتماد الواحد على الاخر ويميل كل عضو الى افكار واتجاهات العضو الاخر بسبب الصداقة والتفاعلات غير الرسمية، ولذلك قد يبتعدوا عن الجوانب الرسمية وعن توجهات القائد الرسمي. أما الفريق الكبير المكون من أعضاء اكثر من (١٢) عضوا فتكون تحدياته لقائد الفريق بشكل آخر، اذ ان عملية صنع القرار في مثل هذا الفريق تكون بطيئة وقد يشعر أعضاء الفريق بالتزام محدود لاهداف الفريق وغالباً ما يكون هناك عدم اتفاق بين الاعضاء ولذلك فان الفريق الذي يتجاوز عدد اعضائه (٢٠) عضوا يمكن تقسيمه الى فرق او جماعات ثانوية اخرى Subgroups

ادوار الفريق Team Roles

يقوم اعضاء الفريق بادوار محددة اذ يمكن تصنيفهم وفق الادوار التي يقومون بها الى اختصاصي عمل أو مهمة (ادوار عمل) وادوار اجتماعية - عاطفية (ادوار انسانية)

فالافراد الـذين تنـاط بهـم ادوار اختصاصيه يكرسـوا وقـتهم وطاقتهم لمساعدة الفريق في انجاز اهداف محددة ويكون اعضـاء الفريـق في هـذه الحالـة فعـالين في تقـديم افكـارهم الجديدة والحلول اللازمة للمشكلة وتقويم اقتراحات الاخرين وطلب المعلومات واعداد خلاصة بمناقشات اعضاء الفريق.

أما الادوار الاجتماعية – العاطفية فان اعضـاء الفريق يكرسوا وقتهم وطاقتهم لـدعم الحاجات النفسيـة – الانسانية للاعضـاء وصيانة الفريق كوحدة اجتماعيـة حيـث يشجعوا الاخرين للمساهمة في افكارهم ويحاولوا تقليل التوتر الناجم من جـراء التفـاعلات بـين اعضـاء الفريق كمـا وان هـذا الـدور يتطلب محاولـة تسـوية الصـراعات بهـدف استمرارية تماسك الفريق وثباته.

ومـن المـمكن ان يكـون لـبعض اعضـاء الفريـق ادواراً ثنائية حيث يقوموا بالنشاطات الخاصة بتنفيذ المهمة وكذلك تدخلهم في الدعم والاسناد العاطفي والاجتماعي ومحاولـة حـل الصراعات. كما وان هناك اعضاء قد لا يمكن تصنيفهم مـن أي من الادوار حيث ان مساهمتهم تكون قليلة او معدومـة سـواء فيما يتعلق بالمهام التخصصية او الادوار الانسانية.

ومن الضروري ان يسعى المدير الى ايجاد التـوازن بـين اعضـاء الفريـق القـادرين عـلى انجـاز كـل مـن الادوار المتعلقـة بالمهمة والادوار الاجتماعية – العاطفية اذ ان كـلا الـدورين ذا أهمية في فعاليـة الفريق، ومـن الملاحظ وحسـب الكثير مـن الدراسات ان الفريق الذي يكون فيه اعضاء يمارسوا الادوار

الوظيفية بدرجة اكبر من الادوار الاجتماعية يكون منتجاً في المدى القصير ولكنه قد يخلق موقف يتمثل بعدم الرضا في الامد الطويل بسبب عدم دعم ومساعدة اعضاء الفريق كما وان الفريق الذي يتبنى الادوار الاجتماعية بدرجة اكبر من الادوار الوظيفية يمكن ان يكون مستعداً نفسياً ولكنه غير منتج.

مهمة (٦) جماعية

١- ما هو الحجم الطبيعي للفرق او الجماعات التي يتم تشكيلها في منظمتك وما هي العوامل التي تأخذها بنظر الاعتبار عند تحديد الحجم.

١. عدد الاعضاء ٢. عوامل خاصة بالمهمة-حددها-٣. عوامل تنظيمية- حددها ٤. عوامل خاصة بطبيعة القيادة الادارية ٥. عوامل اخرى

٢- حدد السلبيات التي حصلت او التي تراها ونتصور بانها قد تحصل بسبب عدم ملائمة الحجم سواء كان الحجم صغيراً أم كبيراً.

٣- اعط امثلة للادوار الوظيفية التي تضطلع بها الجماعات المشكلة وكذلك امثلة للأدوار الانسانية.

٤- أي من الادوار في (٣) تركز عليها اكثر؟ لماذا

٥- هل حصلت وتحصل مشاكل بسبب الادوار المناطة باعضاء الفريق او جماعات العمل في منظمتك، ما هي هذه المشاكل عددها وصفها باختصار.

تنويع الفريق Team Diversity

ان الاختلافات القائمة بين اعضاء الفريق في اهتماماتهم وتوجيهاتهم وخبراتهم وخلفياتهم الثقافية والعلمية يمكن أن تؤدي الى التفاعل والتكامل بين اعضاء الفريق، فالفريق الوظيفي الذي يشكل من اقسام وظيفية متعددة في المنظمة Cross-functional Team يحتوى على خبراء في وظائف مختلفة في المنظمة وهناك دراسات اثبتت بان التنويع مهم ويضيف قيمة لفريق العمل من خلال الحلول الابتكارية والابداعية المتنوعة.

ان التنويع في فريق العمل من الممكن ان يساعد المنظمة في عملياتها التشغيلية على الصعيد العالمي، ففرق العمل الدولية أصبح لها أهميتها لنقل التوقعات والتصورات حول الخدمات والاسواق الدولية وثقافات المنظمات الدولية وهذا واحد من التحديات التي تواجهه المنظمات في الوقت الحاضر اذ ان بيئة الاعمال ومنظمات الاعمال الجديدة تتطلب التنويع الثقافي لفرق العمل بدرجة اكبر لنقل الممارسات والتطبيقات الثقافية والتوجهات التنظيمية.

بدأت المنظمات الامريكية بتطبيق بعض اجزاء الثقافة اليابانية من خلال فرق العمل لديها مما ادى الى تغيير ثقافاتها التنظيمية فيما يتعلق باسلوب انجاز الاعمال، فالفكر الاداري الامريكي والمنظمات الادارية الامريكية الى مطلع الثمانينات لم تكن تهتم بعمل الفريق بدرجة واسعة وبعد دراستها لاسباب نجاح المنظمات اليابانية اصبح مؤكد لديها ان انجاز الاعمال من خلال

فرق العمل المتعاونة والمتماسكة يمكن ان تكون منتجة اكثر من الاسلوب الفردي في الاداء، ان هذا التحول وغيره يؤكد ان التنويع في فرق العمل وإطلاع المنظمات على المزيج الثقافي قد يساهم في زيادة ابداع العمل الجماعي والابداع التنظيمي.

والشكل التالي يوضح المزايا والسلبيات الناجمة من التنويع الثقافي لفرق العمل

شكل (١٠) مزايا وسلبيات التنويع الثقافي في فرق العمل

المزايا	السلبيات
المزايا الثقافية: مزايا تنظيمية (تعدد الثقافات في فرق العمل)	السلبيات الناتجة من التنويع الثقافي/ تنظيمية
توسيع المفاهيم والمعارف تعدد وتتنوع الفلسفات الفكرية، افكار جديدة، تفسيرات نوعية وإثرائية توسع البدائل والحلول زيادة الابداع زيادة المرونة في العمل زيادة مهارات حل المشاكل	زيادة الغموض في المعاني التعقيد في المهام التشويش بسبب كثرة الافكار صعوبة تفسير المعاني صعوبة الوصول الى اتفاق موحد
التفاعلات والاتصالات: فهم أفضل للعاملين الاجانب القابلية للعمل بفاعلية مع الزبائن في الاقطار الاجنبية القدرة على تسويق المنتجات او الخدمات الى الزبائن الاجانب زيادة فهم السياسات والمجتمع والقوانين والجوانب الاقتصادية للاقطار الاجنبية	التداخل بين السياسات المحلية وسياسات الثقافات الاخرى من حيث السياسات التنظيمية التطبيقات التنظيمية الاجراءات التنظيمية

ان أي مزيج من اعضاء الفريق سـواء كـان بـالعمر او المسـتوى العلمـي او المعـرفي او الثقـافي يتطلـب تحديـد درجـة فعاليـة الفريـق ومحاولـة زيـادة الجوانـب الايجابيـة لهـذا المـزيج او التنويع وتقليل الجوانب السلبية.

مهمة (٧) فردية

١- هل سبق وان عملت مع فريق بخصائص متنوعة ومختلفة؟ ما هي هذه الخصائص؟ اشر على كل مما يلي من خصائص: العمر، المستوى الثقـافي، الثقافـة المغـايرة (افـراد اجانـب) المستوي التعليمي، المستوى الوظيفي، السمات الشخصية.

٢- هل تم العمل في مثل هذا الفريـق بانسـجام وهـل تكونـت لغة مشتركة للتفاهم؟

٣- هل برزت بعض المشاكل جـراء هـذه الاختلافات الـواردة في (١) حدد هذه المشاكل.. ورايك في حلها.

٤- هل كانت هناك اتجاهات للانفتاح وروح المرح والدعابة بين اعضاء الفريق المتنوع؟

مهمة (٨) جماعة

يرجى ادراج ما تراه مـن خصائص لابـد ان تتمتـع بهـا جماعات العمل لكي تكون جماعات فعالـة مـع تحديد درجـة اهمية كـل خاصيـة ودور كـل مـن الادارة والافراد العاملين في تحديدها

يرجى العمل وفق الشكل التالي

خصائص جماعات العمل مثال	درجة اهمية الخصائص المحددة مثال	دور الادارة مثال	دور العاملين
وجود اهداف مشتركة لاعضاء الفريق الواحد	الدرجة الاولى (١)	×	

ادناه بعض الخصائص المهمة لفرق العمل الفعالة:

١- اهداف مشتركة لاعضاء الفريق الواحد يسعى كل عضو باتجاه تحقيقها.

٢- ادراك ووعي اعضاء الفريق الواحد للمهام المكلفين بها والاعتماد على معايير محددة تلتزم بها الجماعة.

٣- منح الصلاحيات اللازمة لاعضاء الفريق في تحديد احتياجاتهم من الموارد.

٤- تكريس الاعضاء وقتهم وجهدهم واهتماماتهم في معرفة رغبات واهتمامات كل منهم الآخر.

٥- التعبير الحر عن الافكار ووجهات النظر المختلفة.

٦- التركيز على انجاز المهمة الموكلة للفريق واهمال اية صراعات قد تظهر على السطح الى حين الانتهاء من انجاز المهمة.

٧- التركيز على حل المشاكل بدلاً من السماح لهذه المشاكل في التأثير على العلاقات الشخصية.

٨- التوازن في الادوار والمشاركة لتسهيل تحقيق الاهداف مع تحقيق التماسك والانسجام بين اعضاء الفريق الواحد.

٩- التعامل مع الاخطاء كمصدر للتعلم بدلاً من اعتمادها سبباً للعقوبة وهذا سيؤدي الى زيادة الابداع والابتكار.

١٠- استجابة اعضاء الفريق الواحد لرغبات الاخر واستجابتهم للبيئة الخارجية.

١١- قيام اعضاء الفريق بتقويم اداء الفريق دورياً.

١٢- جاذبية الفريق لاعضائه الذين هم جزء منه والفريق مصدر لنموهم الشخصي والمهني.

١٣- تطوير بيئة من الثقة المتبادلة بين اعضاء الفريق الواحد لتسهيل ادوار الفريق.

داينميكية الجماعة

خلال الحرب العالمية الثانية طور Kurt Lewin احد علماء النفس الاجتماعي في جامعة Iowa تجربته في احد المصانع حول اهمية العمل الجماعي، اذ اتضح من تجربته بان العمل في فريق أفضل من العمل المنجز من قبل الافراد كافراد وليس كجماعات فالعاملين الذين انضموا الى فرق عمل لمناقشة الطرق الجديدة في العمل كانوا اكثر تعلماً من اولئك الذي تعلموها بشكل فردي. ان هذا كان بداية للبحث في دور الجماعات وتأثيرها على الفاعلية التنظيمية وكذلك تشكيل الجماعة وتطورها واتجاهاتها وسلوكياتها ولذلك فاننا سنركز الفقرات التالية على الجوانب التالية:

١- بناء الجماعة وتطويرها

٢- سلوكيات الجماعة وتصوراتها

وقبل الاسهاب بهذين الجانبين في دايناميكية الجماعة نوضح الاستقصاء التالي حول دايناميكية الجماعة.

استقصاء دايناميكية الجماعة

١- هل ان الجماعة التي تعمل معها متنوعة في المهارات والقدرات؟
٢- هل حصل خلاف بين أعضاء الجماعة؟
٣- هل حصل خلاف بين أعضاء الجماعة والقائد؟
٤- هل ان دور القائد كان واضحاً في حل النزاعات الحاصلة؟
٥- هل ان النزاعات التي حصلت تطورت بحيث اثرت على انجاز الفريق للمهمة؟
٦- ما هي أسباب النزاعات التي حصلت بين أعضاء الجماعة؟ حددها.
٧- هل ان الفريق يعمل كوحدة واحدة متماسكة؟
٨- ما هي جوانب التعاون بين أعضاء الفريق؟
٩- ما هو دور القائد في تحقيق التعاون؟
١٠- هل كان اعضاء الفريق يمتلكون المهارات اللازمة للعمل على المهمة؟
١١- هل حددت قيادة الفريق الخطوات المثلى للعمل؟
١٢- هل كان بعض الاعضاء تنقصهم القدرة أو الرغبة في العمل ضمن الفريق؟
١٣- هل تشعر بالحرية وانت تعمل ضمن الفريق؟

١٤- هل تشعر بان بعض أعضاء الجماعة لديهم مشاكل شخصية مع قائد الجماعة؟

١٥- هل كان بعض اعضاء الفريق ممن لا يتحملوا المسؤولية؟

١٦- هل تشعر بأنك تكتسب يومياً بعض الخبرات من انضمامك في الجماعة؟

١٧- هل تشعر بان حرصك ورغبتك على التعاون في انجاز الاعمال قد ازداد؟

١٨- هل تمتع اعضاء الفريق بكافة الصلاحيات للعمل؟

١٩- هل تم تهيئة جميع المستلزمات الضرورية للعمل على المهمة الجماعية؟

٢٠- هل أشارت النتائج بان هناك تغييراً ايجابياً في الاراء والافكار بين اعضاء الجماعة.

بناء وتطوير الجماعة

ان الاتجاه التقليدي في بناء وتطوير الجماعة يركز على بعدين رئيسيين الاول هو النشاط او المهمة Task الذي يشير الى الخطوات المستخدمة لانجاز المهمة مثل وضع المقاييس للاداء على المعدات الجديدة وعملية الجماعة Group Procers التي تشير الى التفاعلات الداخلية بين اعضاء الجماعة المطلوبة لانجاز النشاطات او المهام.

ان من الضروري وفق هذا الاتجاه تحديد اهداف الجماعة، توقعات السلوك والادوار واشكال التفاعلات والشكل التالي يوضع خطوات تطوير هذه الابعاد

شكل (١١) نموذج – المهمة – العملية او السلوك في تطوير الجماعة

المراحل	الابعاد	المهمة	عملية الجماعة
١	البناء والتركيب: يتم تركيز الجماعة على المهمة لذا تحدد السلوكيات المقبولة بين اعضاء الجماعة.	التوجه نحو المهمة	اختبار الجماعة ومـــن ثـــم الاعتماد عليها
٢	الوصف: إعـادة تحديـد المهام مـن قبـل الجماعـة والوصـول الى اتفـاق عـلى الاهـداف والاسـتراتيجية وتطوير هيكلية الجماعة ربما ينجم هنا صراع.	الاستجابة النفسية العاطفية لمتطلبات المهمة	الصـراع بـين الجماعات
٣	وضـع المعـايير: جمـع وتفسير المعلومـات مـن قبـل الجماعـة وتطـوير اسس التماسك على ضوء القواعد والاسس المحددة للعمل	التبادل المتكامل والمفتوح للمعلومات المطلوبة	تطـــــويـر التماســـك الجماعي
٤	الاداء: تحـدد الجماعـة قراراتها وهيكلها	انبثاق الحلول	انبثـاق الادوار الوظيفية
٥	التفكك والانحلال	انحلال الجماعة	

يلاحظ من الجدول ان هناك خمسة مراحـل في تطويـر الجماعة هذه المراحل يمكن توضيحها كالآتي:

مرحلة التشكيل: تكون هذه المرحلة اقصر من المراحل الاخرى حيث تتوجه الجماعة الى المهمة ويتم تحديد السلوكيات المقبولة من خلال التفاعل بين اعضاء الجماعة ويقوم اعضاء الجماعة بجمع المعلومات حول طبيعة المهام. وفي اللقاء الاول لابد ان يشارك اعضاء الجماعة في بناء توقعاتهم حول الاهداف والنشاطات المطلوب انجازها وفي هذه المرحلة يكتشف الاعضاء السلوكيات المقبولة في انجاز المهام.

العصف Storming: تقوم الجماعة باعادة تعريف وتحديد المهمة ويحاولوا الاتفاق على الاهداف والاستراتيجية وتطوير بناء الجماعة وفي بعض الاحيان تكون هنالك صراعات. ان النشاطات في هذه الخطوة تركز على تهيئة الاستجابة العاطفية للمهمة من قبل اعضاء الفريق ويحدد الاعضاء فيما اذا كانوا راغبين بالمهام وكيفية تكريس جهودهم لها، ان عدم الاتفاق من قبل اعضاء الجماعة يقود الى الصراع في العادة، وقد يختلف الاعضاء في مقدار الوقت المكرس لانجاز مهمة محددة أو أسبقية الانجاز او الوسائل المفضلة من قبلهم والمستخدمة في الانجاز وكلما كانت هذه الاختلافات حادة كلما كان الصراع واضحا ويمكن للقائد الذي يتوقع مثل هذه الاختلافات ان يعتمد على وسائل واساليب لتسويتها وتوجيهها بشكل فاعل.

وضع المعايير: خلال هذه المرحلة يتم التركيز على تبادل الاراء ووجهات النظر المناسبة، هذه المرحلة عادة اطول من المرحلة السابقة بسبب الوقت المطلوب لجمع وتفسير المعلومات من قبل

الجماعة ومناقشة مغزى ومحتوى البيانات. المناقشات تركز على المهمة التي يسعى لتحقيقها الجماعة ومن نتائج هذه المرحلة هي بناء التماسك الجماعي وحل الصراعات وتبادل الآراء ووجهات النظر.

الانجاز: تحدد الجماعة الحلول الخاصة بالمهام وفي هذه المرحلة لابـد ان يعـالج الفريق المشـاكل والموضوعات التي تظهـر في المرحلة السابقة وبضمنها الاستجابات وردود الفعـل العاطفيـة والاختلاف في وجهات النظر. ان ادوار اعضاء الجماعة لابـد ان تكـون متطابقـة مـع خـبراتهم ورغبـاتهم واتجاهـاتهم لتقـديم افضل ما لديهم من إمكانيات.

مرحلة التفكك والانحلال

يحصل انحـلال وتفكك الجماعة في المرحلة الخامسـة حيث تحل الجماعة او يعاد تشـكيلها وفـق مهـام ومسـؤوليات جديدة.

ان المراحل السابقة هي المدخل التقليدي في بناء وتطوير الجماعة ومن الملاحظ ان دور القيادة الديناميكية غير واضح ولذلك وبناء على انماط القيادة الفعالة والداينميكية من الممكن التأكيد على دور القائد في توجيه اعضاء الفريق وتوجيه المهام التي يؤدونها الشكل التالي يوضح ذلك

شكل (١٢) نموذج مراحل تطوير الفريق ودور القيادة الابتكارية/ الديناميكية

الخطوات	سلوكيات الجماعة	اهتمامات الجماعة	سلوكيات القائد
الخطوة الاولى التوجه نحو المهمة والجماعة	استشارة القائد حول طبيعة المهمة والادوار المناطة لاعضاء الجماعة. مناقشة الموضوعات بشكل اولي	من أنا في هذه الجماعة؟ من هم الاخرون/ الاعضاء؟ هل انا مقبول؟ ما هو دوري؟ ما هي المخاطر المحتملة؟ هل سأكون قادراً على العمل؟ من هو القائد للجماعة؟ هل سيتم تقييمي بموضوعية؟	تهيئة هيكلية الجماعة عن طريق اللقاءات الاعتيادية تشجيع المشاركين. تسهيل التعليم والتعلم. المشاركة بجميع المعلومات. تشجيع الاثارات الفكرية
الخطوة الثانية الصراع غير المسيطر عليه بين اعضاء الجماعة ومع القائد	محاولات لكسب التأثير. تحالفات وجماعات ثانوية. صراع محتمل بين الاعضاء . تحديات امام القائد	ما هو مقدار الحرية في التفكير؟ هل امتلك تأثير على الاخرين؟ ما هو دوري في تنفيذ الأوامر. من أحب ومن يحبني؟ هل لدي بعض الدعم ؟	الانضمام مع الجماعة في حل المشاكل. توضح الجماعة افكارها وتوضح كيفية تحسينها. بناء معايير تدعم التعبير عن وجهات النظر المختلفة. مناقشة عملية صنع القرارات المناسبة. تشجيع الاعضاء لتحديد مستوى مشاعرهم وتفكيرهم تجاه الموضوعات. توفير الموارد لاعضاء الجماعة لانجاز وظائفهم.

الخطوات	سلوكيات الجماعة	اهتمامات الجماعة	سلوكيات القائد
الخطوة الثالثة تشكيل الجماعة وتعاونها	دعم الاعضاء لبعضهم الاخر. علاقات اجتماعية بين اعضاء الجماعة. وجود معايير مشتركة. شعور الاعضاء بالتفوق على الجماعات الاخرى. توافق بين اداء الجماعة وما يرغب به القائد	الى أي مدى أنا قريبا من الجماعة؟ هل يمكنني انجاز المهمة بنجاح؟ كيف يمكن مقارنتنا بالجماعات الاخرى؟ ما هي علاقتها بالقائد؟	التحدث باهتمام حول الاهتمامات والموضوعات. اعضاء الجماعة تدير نفسها بكفاءة وتكون هناك انظمة تحفيزية من قبل القائد. توفير تغذية مرجعة عن الاداء. تفويض الصلاحيات الى اعضاء الجماعة مع ارشادهم وتوجيههم.
الخطوة الرابعة الانتاجية والتمايز	وضوح الادوار وكل عضو له دور محدد. المبادرة والابتكار المناقشة وقبول الاختلافات بين الاعضاء في خلفياتهم واتجاهاتهم ببحث الاعضاء عن تغذية مرجعة لتسحين ادائهم	الاهتمامات في الخطوة الثالثة يتم الاجابة عنها هنا بوضوح وايجابية	وضع الاهداف المتحدية عن طريق المشاركة مع الجماعة. البحث عن الفرص الجديدة. تطوير آليات لتفهم الذات من قبل الجماعة. تقويم مساهمة كل عضو ضمن الجماعة. تطوير قدرات اعضاء الجماعة من خلال التغذية الراجعة.

مهمة (٩) جماعية

من خلال ما جاء في الأشكال السابقة حول سلوكيات الجماعة واهتماماتها ما هي التوقعات والتصورات التي تضعها لنفسك من خلال مشاركتك مع جماعة العمل.

شكل (١٣) بعض التصورات المقترحة لاعضاء الجماعة في تفاعلهم مع الجماعة

	التصورات والتوقعات
١	هل امتلك مهارات واسس ادارة الجماعة؟
٢	هل افهم الخطوات المثلى لادارة الجماعة؟
٣	هل انا قادر على القيام بدور فعال بين اعضاء الجماعة؟
٤	هل اتقن فن ومهارات التعامل والاتصال مع الجماعة؟
٥	هل يمكنني اكتساب مهارات جديدة عند العمل مع الجماعة؟
٦	هل يمكنني تعلم اساليب جديدة في ادارة الجماعة؟
٧	هل يمكنني المبادرة ببعض الافكار والآراء المهمة؟
٨	هل يمكنني التدخل في حل اية مشكلة بين اعضاء الجماعة؟
٩	هل يمكنني ان اكون مصدر اشعاع وقوة بين اعضاء الجماعة؟

سلوك الاعضاء داخل الجماعة

عند دراسة حركية الجماعة من المهم تحديد جانبين رئيسين الأول هو الاتصالات بين اعضاء الجماعة وانواع شبكات الاتصال بهدف نقل المعلومات والتصورات والافكار من طرف الى آخر. هنالك خمسة شبكات اتصال: شبكة السلسلة وشبكة العجلة وشبكة الدائرة والشبكة المختلطة والشبكة على شكل حرف Y ان اكثر انماط شبكات الاتصال استخداما بين جماعات العمل هي نمط العجلة، حيث تحدد شبكات الاتصال درجة المركزية وعدد قنوات الاتصال وإمكانية التنبؤ بنوع القيادة.

أما الجانب الاخر لسلوك الاعضاء داخل الجماعة فهي عملية صنع القرارات اذ ان الجماعات تبدي قدرة اكبر على صنع القرارات مقارنة بالافراد المكونين للجماعة، اذ ان تحمل المسؤولية تكون اكبر عند العمل مع الجماعة وكذلك تحمل المخاطرة كما ان تبادل الاراء والافكار يدعم القرار ويرفع من جودته.

من المهم توضيح شبكات الاتصالات بين اعضاء الجماعة وخصائصها في الشكل التالي:

شكل (١٤) خصائص شبكات الاتصال بين اعضاء الجماعة

خصائص تبادل المعلومات				
	العجلة	Y	السلسلة	الدائرة
السرعة	سريعة	بطيئة	بطيئة	بطيئة
الدقة	كبيرة	معتدلة	معتدلة	ضعيفة
الاشباع	منخفض	منخض	متوسط	عالي
خصائص الجماعة				
رضا كلي	منخفض	منخفض	منخفض	عالي
قيادة طارئة	نعم	نعم	نعم	لا
مركزية	نعم	نعم	الى حد ما (متوسط)	لا

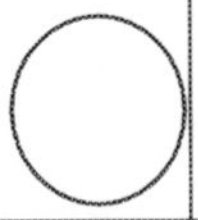

سلوك الجماعة مع الجماعات الاخرى

يحدد التفاعل بين جماعتين أو اكثر سواء كانت تلك الجماعات تنتمي الى وحدات رئيسية متماثلة او مختلفة اداء الجماعة من خلال عوامل ومؤشرات معينة من اهمها:

١- وضوح المهمة: الجماعات التي تتمتع بوضوح الرؤيا للمهمة المناطة بها يكون اداؤها اعلى من تلك الجماعات التي تفتقر الى الوضوح في المعلومات والظروف المحيطة وكذلك تفتقر الى المعرفة والمهارة.

٢- اهداف الجماعة: لكل جماعة كما سبق وان اوضحنا اهداف. ان تفاعل الجماعات فيما بينها قد يؤدي الى رفع الاداء عندما تتفق اهداف هذه الجماعات والعكس يحصل عندما تتضارب الاهداف.

٣- الاعتمادية: وتعني درجة التعاون والتنسيق المحدد بين انشطة الجماعات للوصول الى المستوى المطلوب في الاداء وهنالك ثلاثة أنواع من الاعتمادية كما اشار اليها ثومبسون.

١. الاعتمادية المشتركة Pooled Interdependence

يتم هذا النوع من الاعتمادية عندما تكون الجماعات مستقلة عن بعضها الى حد كبير الا ان كل منها يؤثر كثيراً على الاداء الكلي للتنظيم، فالصيدلة وعيادة الطبيب مثلاً ادارات مستقلة عن بعضها الا ان كل منها يؤثر على اداء المركز الطبي بشكل عام.

٢. الاعتمادية المتتابعة Sequential Interdependence

تتم هذه العملية عندما يكون الناتج لاحدى الجماعات مدخل لجماعة اخرى فادارة البحث والتطوير تنتج ابحاث ودراسات يستفيد منها قسم التصنيع لتصميم السلعة التي تنتجها.

٣. الاعتمادية المتبادلة Reciprocal Interdependence

عندما تكون مخرجات كل جماعة مدخلات للجماعات الاخرى كما هو الحال في اجراءات التحليل والفحص في المستشفى حيث توعز دائرة الصحة باحالة المريض الى التحليل

ومن التحليل الى دائرة الصحة للعلاج ومن العلاج الى التحليل او الفحص مرة اخرى..

يتطلب تحسين اداء اية جماعة بذل جهود اكبر من قبل اعضاء الجماعة واكتساب المعرفة المناسبة والتوافق مع كل من المهارة والمهمة المناطة واستخدام الاستراتيجيات المناسبة لاداء المهمة والشكل التالي يوضح العوامل المساهمة في تحسين اداء الجماعة.

شكل (١٥) العوامل المساهمة في تحسين اداء الجماعة

معايير الفاعلية في الاداء	تركيب الجماعة	البيئة التنظيمية	الاستشارات والتوجيه
الجهود الكبيرة والمتواصلة	الاستعداد للعمل ضمن الجماعة	انظمة عوائد وحوافز	علاج مشاكل التنسيق وبناء الالتزام بين الجماعة
المهارات والمعارف الملائمة	تشكيلة مكونات الجماعة	انظمة التعليم والتعلم المنتظمة	تغيير المدخلات غير المناسبة وتصميم برامج تدريبية متنوعة لاكساب المعرفة والمهارات
استراتيجيات الاداء المناسبة	معايير مناسبة لسلوك الجماعة	نظام المعلومات التنظيمية	علاج مشاكل التطبيق الابداع في وضع الاستراتجيات

بالاضافة الى هـذه العوامـل فـان تحسـين اداء جماعـات العمـل يتطلب تطبيق العديد من استراتيجيات بناء الفريق، حيث يتم جمع معلومات حول داينميكية الجماعة مـن حيـث تفاعلاتها وعملية صنع القرارات ونمط القيادة الادارية للجماعة ومن ثـم يتم توجيه الجماعة من خلال استشاريين وتقويم سلوكياتها من خلال مجموعة من الاسئلة المتضمنة الجوانب التالية:

- ما هي وجهة نظرك بالعمل هنا؟
- ما هي معوقات العمل؟
- ما هي مسؤولياتك؟
- ما هي توقعاتك حول اعضاء الجماعة؟
- ما هي التغيرات المقترحة لتحسين الاداء؟
- ماذا يحتاج كل عضو في الجماعة لكي يعمل بصورة افضل؟
- كيف ينظر الاعضاء الى بعضهم البعض؟
- ما هو مستوى الالتزام المطلوب من كل عضو لرفع الاداء؟

بعد جمع البيانـات والتغذيـة المرجعـة لابـد مـن تـوفير فرصـة لاعضـاء الجماعـة لممارسـة بعـض الاسـاليب التطويريـة مثـل العصف الذهني او اسلوب دلفي تحسين صناعة القرارات وحل المشاكل بصـورة ابداعيـة او بعـض التـدريبات لزيـادة وتحسـين الاتصالات وازالة الصراعات.

ان تقـويم الاداء والتغذيـة المرجعـة هـي المسـتلزمات الاخيرة لداينميكية الجماعة وقبل التطرق الى محددات سلوك

الجماعـة لابـد مـن بعـض النشـاطات التدريبيـة حـول المهـام المحددة للجماعة وحجم الجماعة.

قائمة اختبار المهمات

ان المشرف والمحدد للمهـمات التـي تؤديهـا جماعـات العمل سـواء كـان مـديراً او مشرفـاً مبـاشراً أو قائـد اداري مـن الادارة العليا لابـد ان يقـوم باختبار المهمات التـي يكلف بها الجماعات وفق قائمة تحتوي الفقرات او الاسئلة التالية:

١- هل اعددت المهمة بنفسك؟

٢- هل استشرت المشاركين او بعض منهم؟

٣- هل فحصت العلاقة بين المهمة والاهداف التدريبية؟

٤- هل راجعت المهمة؟

٥- هل انت مقتنع بالمهمة؟

٦- هل لديك شكك بجانب او اكثر فيها؟

٧- هل جربت هذه المهمة من قبل؟ ما هي الملاحظات؟

٨- هل بنيت استعداداً لاي اسئلة وانتقادات غير متوقعة؟

٩- هل لديك شعور خفي بان المهمة لا وزن لها في الواقع؟

١٠- هل وفرت المواد اللازمة للمهمة؟

١١- هل هيئات بيئة التدريب؟

١٢- هل اعددت الطريقة التي بواسطتها سـتقدم المهمـة عـلى شفافية وعلى ورقة؟

١٣- هـل اسـتقر رايـك عـلى شـكل توزيـع المشاركين الى مجموعات؟

١٤- هل قدرت ما تحتاج اليه المهمة من وقت؟

١٥- هـل عرفـت مـاذا سـتعمل خـلال عمـل الجماعـات عـلى المهمة؟

١٦- هـل جهـزت مـا يسـهل عـرض الجماعـات انتاجاتهـا عـلى المهمة؟

١٧- هل قررت عدد المشاركين في الجماعة الواحدة؟

١٨- هل تنطوي المهمة على مهمات فرعية؟

مهمة (١٠) جماعية

المطلوب منكم قراءة خصائص حجم الجماعة في الجدول التالي مع تحديد وجهة نظركم في الخصائص التي يعتقدون بانها مناسبة تحت كل حجم من الاحجام الخمسة والمتضمنة (٢) عضوين، (٣) اعضاء، (٤) اعضاء، (٦) اعضاء، (٨) أعضاء الموجودة وذلك بشكل مختصر جدا

حجم الجماعة / المتغيرات	٢	٣	٤	٦	٨
الحاجة الى قائد	لا تحتاج اطلاقا	لا تحتاج	قد تحتاج	تحتاج	حاجة قوية
درجة التفاعل					
سرعة الانجاز					
سرعة الوصول الى قرار					
حجم تبادل الخبرات					
دائرة الخلافات					
درجة الترابط					
الميل الى السيطرة					
الحاجـــة الى تقســـيم العمل					
درجة الاعتمادية					
حجم العمل					
الحاجة لقواعد سلوك					
التغذية المرجعة					
امكانية الانسحاب					
ادارة الوقت					
دينميكية الجماعة					
المواد المطلوبة					
صراع الادوار					
الاجماع					
الفروق الفردية					
التعاون					
حسم الخلافات					
ادارة الفروق الفردية					
المناقشة					

محددات سلوك الجماعة

يتحدد سلوك الجماعة بمجموعتين من العوامل هـي ١- العوامل الخارجية أي العوامل خارج الجماعة ٢- العوامـل التـي تتصل بالجماعة

العوامل الخارجية

نظـراً الى ان المـنظمات جـزءاً مـن البيئـة الخارجيـة أو النظـام الاجتماعـي الاوسـع فـان هنالـك العديـد مـن العوامـل البيئية الخارجية المؤثرة على سلوك الجماعة من هذه العوامل:

١- الاستراتيجية التنظيمية: تؤثر استراتيجية المنظمة على قوة ونفوذ الجماعات وعلى الموارد المتاحة امامها، اذ ان النقص في الموارد يؤثر على مستوى القلق والصراع بين اعضاء الجماعة، كما وان المنظمة التي تعتمد على استراتيجية الكلفة الادنى تضع محددات رقابية على عمل الجماعة بحيث تكون الانماط القيادية اقرب ما تكون الى النمط البيروقراطي (قيادة تقليدية) في حين ان المنظمة التي يعتمد على الاستراتيجية المنقبة أو استراتيجية التمايز فانها تتيح الفرصة لاعضاء الجماعة في تجربة قدراتهم مع منحهم الفرصة للتعبير عن هذه القدرات من خلال الصلاحيات الممنوحة لهم والتركيز على الابداع والابتكار.

٢- انظمة التقويم والتحفيز المعتمدة:

تؤثر انظمة تقويم الاداء على سلوك الجماعة من حيث اهداف عملية التقويم واجراءات واساليب التقويم، فالتقويم

التطويري الذي يهدف الى تحديد نقاط القوة والضعف في اداء الافراد والجماعات يؤدي الى تحفيزهم باتجاه رفع معدلات الاداء في حين ان التقويم الاداري الهادف الى اتخاذ الاجراءات الادارية على وفق نتائج التقويم من مكافآت او عقوبات فان ذلك سيؤدي الى صراعات بين اعضاء الجماعة كما وان اجراءات وأسس التقويم من حيث كونه تقويماً فردياً أم جماعياً يؤثر على سلوك الجماعة، فالتقويم الجماعي يدعم لدى الجماعة الاتجاهات الشعور بالمسؤولية الجماعية وعكس ذلك في التقويم الفردي.

٣- الثقافة التنظيمية السائدة: ان القيم والمعتقدات والمفاهيم وطرق التفكير التي يشترك بها اعضاء التنظيم تؤثر على جماعات العمل.

ان هناك انواعاً من الثقافات التنظيمية لكل منها تؤثر على الجماعة بشكل محدد

أ- الثقافة المتكيفة: تتميز هذه الثقافة بالتركيز على البيئة الخارجية من خلال المعرفة والتغيير لمقابلة احتياجات المستهلكين، هذه الثقافة تغزز المعتقدات التي تدعم طاقات وقدرات اعضاء الجماعة في الكشف وتحليل المتغيرات البيئية والسلوك المباشر والعمل الجاد بهدف التكيف مع الحاجة وبصورة خاصة لارضاء المستهلكين.

ب- ثقافة الرسالة: المنظمة التي تهتم بحاجات البيئة الخارجية لكن دون الحاجة الى تغيير سريع فان ثقافتها في هذه الحالة تكون ثقافة الرسالة وهذه الثقافة تقدم لاعضاء الفريق او

الجماعات مساعدة لتكوين رؤية مشتركة نحو اهداف المنظمة وفهم افضل للمستقبل.

جـ- الثقافة المتكفية: هي التي تركز على مشاركة اعضاء الجماعة باية تغييرات متسارعة في البيئة الخارجية، ان هذه الثقافة تخلق احساساً بالمسؤولية وتعزز من التزام الاعضاء اتجاه المنظمة واهدافها.

٤- ظروف العمل المادية المتمثلة بالادوات والمعدات المستخدمة ومستوى التكنولوجيا ودرجة المخاطرة ودرجة توفر وسائل الحماية والصيانة. في دراسة لاكثر من (٣٠٠) جماعة عمل صناعية في عدة معامل، اشارت النتائج بان التكنولوجيا المستخدمة تؤثر على انماط سلوك الجماعة وتشكيلها.

اذ تمت المقارنة بين مجاميع العمل في مصنعين وضع العدد الكهربائية واخر للاطارات المطاطية، ان جماعات العمل في مصنع العدد الكهربائية كانت انتاجيتها اعلى واندماجها في العمل اكثر من الجماعات في مصنع الصناعات المطاطية وكان تشخيص السبب الرئيسي لذلك هو المخاطرة الموجودة في مصنع الصناعات المطاطية على عكس صناعة العدد الكهربائية حيث على ظروفه جيدة اضافة الى ان ادارة المصنع الاول (الصناعات المطاطية) لم تراعي توفير ظروف العمل المناسبة.

٤- انماط القيادة والاتصالات

لقد سبق وان اوضحنا الانماط المختلفة للقيادة الادارية واتضح بان القيادة هي عملية تأثير على الجماعة لتحقيق الاهداف، ففي اية جماعة يشغل الاعضاء ادواراً متعددة وان واحدة من هذه الادوار هو الدور القيادي، فالقائد جزء من البيئة التي يعيش فيها وهو جزء متكامل من النظام وان التفاعل بين القائد والتابعين يؤثر في سلوكيات التابعين.

ان قيادة القرن الواحد والعشرين تركز على ادارة الجودة الشاملة من خلال فرق العمل ان عناصر هذه القيادة هي:

١. ان يكون قائداً استراتيجياً يمتلك رؤية واضحة عن المستقبل.
٢. ان يخلق بيئة التعلم ومنظمة التعلم.
٣. بناء الرؤية المشتركة بينه واعضاء الجماعة.
٤. ازالة الحواجز بين الاقسام والوحدات والجماعات.
٥. تبني فلسفة منظمة الجودة وقيادة الجودة وهذا ينسحب على جودة قيادة وتوجيه الجماعات.

٥- حجم الجماعات سبق التطرق الى هذا العامل في فقرات سابقة.

٦- درجة التماسك بين اعضاء الجماعة

يعد التماسك مؤشراً للتعاون بين اعضاء الجماعة اذ ان توافق خصائص الجماعة واهدافها ومعالمها يؤدي الى تماسكها،

كما وان شعور الجماعة بالمسؤولية يدعم ويقوي من علاقة اعضائها.

العوامل التي تتصل باعضاء الجماعة

تؤثر على سلوك الجماعة عوامل خاصة بها من أهمها:

١- القدرات الفردية للاعضاء

٢- دوافع واستعدادات الاعضاء

مهمة (١١) جماعية

الجدول المحدد ادناه هو عبارة عن استقصاء أولي غير منجز حول القيادة الابتكارية لعمل الفريق يرجى الاطلاع والدراسة والتحليل للفقرة الاولى والامثلة المحددة واكمال الفقرات الخمسة المتبقية على غرار الفقرة (١)

ما هي الجوانب المثالية لمنظمة التعلم	ما هي السلوكيات المطلوبة	النتائج المتوقعة	معوقات الاداء لهذه الجوانب	كيف يمكن معرفة التقدم والتطور
١. يشعر العاملون باهمية المهام التي يؤدونها	الحماس والجهود المبذولة في العمل	افكار تطويرية جديدة لتحسين العمل	وجود نقص في توضيح كيف يمكن للمنظمة تحقيق رسالتها	العاملون يتكلمون حول انجازاتهم لمهامهم

أسس القيادة الفعالة لفرق العمل

ان القيادة الفعالة لفرق العمل لابد اولا ان تتجنب الاخطاء التالية:

١- تسمية الوحدة او الجماعة العاملة كفريق ولكن في الواقع تتم ادارتهم بشكل فردي أي يتدخل القائد في شؤونهم ولا يمنحهم الحرية في تنفيذ مهامهم.

٢- الفشل في الموازنة عند توزيع الصلاحية بين الادارة والفريق.

٣- الفشل في توفير المقدار المناسب من الهيكلية في انجاز المهم.

٤- الفشل في توفير الدعم التنظيمي لانجاز الاهداف المتحدية من قبل الفريق.

٥- افتراض ان الاعضاء لديهم الكفاءة المطلوبة للعمل بصورة جيدة كفريق.

من كل ذلك يمكننا القول بانه لابد من افتراض المخاطر والفرص التي تواجهها فرق العمل المتنوعة ومحاولة إزالة هذه المخاطر بهدف زيادة انتاجيتها.

الشكل التالي يوضح المخاطر والفرص التي تواجهها فرق العمل المختلفة

شكل (١٦) المخاطر والفرص التي تواجهها فرق العمل في المنظمة

انواع الفرق	المخاطر	الفرص
فــرق الادارة العليا	تعرضها الى الضغوط المختلفة	تصـميم ذاتي تـؤثر عـلى الظـروف الحيوية في المنظمة
قوى المهمة	فــرق جديــدة وبمهمات ابتكارية	هــدف محــدد وجدولة واضحة
جماعات الـدعم المهني	تعتمد على الاخـرين في انجاز المهام	اســتخدام بــدائل مهنية كبيرة
جماعات الاداء	ضـعف الــدعم التنظيمي	عنصر المنافسة يدعم ادائها
فــرق الخدمــة الانسانية	التركيز على الجوانب العاطفية	تسـاهم في مسـاعدة الافراد
خدمة الزبون	فقدان الانـدماج مع المنظمة الام	ايجـاد الجسـور بـين المنظمة الام والزبائن
فرق الانتاج	اعـادة التعامـل مـع التكنولوجيا الانفصال عن الزبون النهائي	اسـتمرارية العمـل، القابلية على التميز

لغـرض الكشـف عـن القيـادة الفعالـة لفـرق العمـل لابـد مـن توضيح ذلك من خلال المقارنة بين القيـادة التقليديـة والقيـادة الابتكاريـة التــي سـبق وان اوضـحناها بعناصرهــا ومكوناتهــا النظرية ودور كل نوع واثرها في كل من عملية الجماعـة وبنـاء الجماعة والبيئة التنظيمية.

شكل (١٧) دور القيادة التقليدية والقيادة الابتكارية في عملية الجماعة

القائد التقليدي	عناصر المقارنة	القائد الابتكاري
القائد يسيطر ويوجه مباشرة من يتصل فيه	الاتصال	القائد يوضح لاعضاء الجماعة كيف يمكن ان يتواصلوا بفعالية وفق قواعد السلوك. اعضاء الجماعة يبادرون بالاتصال باي عضو من الذين يعتقدون انه يملك معلومات قيمة او لديه اهتمام بالموقف الذي تعيشه الجماعة.
القائد يدير الصراعات التي تحصل داخل الجماعة	ادارة الصراع	القائد يوضح للجماعة كيف يمكن لها ان تدير صراعاتها بنفسها
القائد يحل المشكلات التي تعترض الجماعة	حل المشكلات	القائد يوضح للجماعة انموذج حل المشكلات. القائد يضمن بان اعضاء الجماعة لديهم القدرة للوصول الى المعلومات اللازمة لحل المشكلات. اعضاء الجماعة ياخذون على عاتقهم مسؤولية تحديد وحل المشكلات التي تعترضهم.
القائد اما ان ياخذ القرارات بنفسه او بعد استشارة مع اعضاء الجماعة	صنع القرار	اعضاء الجماعة يصنعون القرارات بانفسهم كاعضاء او كجماعة القائد واعضاء الجماعة معا يضعون القرارات المناسبة بالاجماع
القائد مسؤول الى حد كبير عن الاتصال والتنسيق وحل المشكلات مع اشخاص من خارج الجماعة	حدود الادارة	القائد يعلم الاعضاء كيف يتواصلون وينسقون ويحلون مشاكلهم مع اشخاص من خارج الجماعة. القائد والاعضاء يحددون معا مدخل حدود الادارة.

مهمة (١٢) جماعية

المطلوب دراسة الشكل (١٧) وحاول تحديد الفروق بين دور القيادة التقليدية والابتكارية في عملية الجماعة بكلمات محددة وامثلة عملية

أثر الانماط القيادية في بناء الجماعة

الشكل التالي يوضح ذلك

شكل (١٨)

اثر الانماط القيادية في بناء الجماعة

القائد التقليدي	عناصر المقارنة	القائد الميسر
القائد يحاول بناء معايير ضمنية مع الجماعة	معايير الجماعة	القائد يشارك القيم الرئيسة والمبادئ وقواعد السلوك مع اعضاء الجماعة وكقواعد اساسية لمعايير الجماعة.
القائد يحاول التأثير على الثقافة	ثقافة الجماعة	القائد يشارك اعضاء الجماعة مبادئها وقواعد سلوكها كقواعد لازمة لثقافة الجماعة. القائد وأعضاء الجماعة يناقشون علانية ثقافة الجماعة ويوافقون على كيفية تشكيلها.
القائد هو الذي يقرر كم من الوقت تحتاج اليه المهمات ويضع الوقت المخصص لها باستشارة اعضاء الجماعة.	الوقت الكافي	القائد يعلم أعضاء الجماعة كيف يخططوا ويديروا وقتهم. أعضاء الجماعة يستخدمون المعلومات ذات العلاقة، والدعم المتوافر من قبل القائد لتحديد الوقت اللازم لانهاء المهام.

القائد التقليدي	عناصر المقارنة	القائد الميسر
القائد يحدد الأدوار بمشاركة أو أحياناً عدم مشاركة أعضاء الجماعة.	الأدوار المحددة والواضحة	أعضاء الجماعة يستخدمون ما يتوافر من معلومات من القائد لتحديد الأدوار والموافقة عليها.
القائد هو الذي يحدد من ينضم الى الجماعة ومن يتركها.	العضوية الملائمة	القائد يتأكد من أن الجماعة لديها من المعلومات والمهارات اللازمة لاختيار وعزل أعضاؤها.
القائد يصمم اعمال اعضاء الجماعة واحيانا يتم التشاور مع أعضاء الجماعة.	المهمات المحفزة	القائد يساعد أعضاء الجماعة لفهم ماذا يجعل العمل ذو دافعية الاعضاء يستخدمون المعلومات الملائمة الى جانب دعم القائد في إعادة تصميم أعمالهم.
القائد يحدد الأهداف بشكل عام وأحيانا يستشير أعضاء الجماعة	الأهداف الواضحة	القائد يساعد أعضاء الجماعة على تعلم كيفية تحديد أهدافهم. الأعضاء يستخدمون المعلومات المتوافرة الى جانب دعم القائد في المناقشة ووضع الأهداف.

مهمة (١٣) جماعية

المطلوب دراسة الشكل (١٨) وتحديد الفروق بين دور القيادة التقليدية والابتكارية في بناء الجماعة بكلمات محددة وامثلة عملية

اثر الانماط القيادية في البيئة التنظيمية لفرق العمل

الشكل التالي يوضح ذلك

شكل (١٩)
اثر الانماط القيادية في البيئة التنظيمية

القائد التقليدي	عناصر المقارنة	القائد الميسر
القائد يأخذ على عاتقه محاولة تغيير البيئة الطبيعة للعمل وأحيانا قد يستعين ببعض المعلومات من أعضاء الجماعة.	البيئة الطبيعية	أعضاء الجماعة يأخذون على عاتقهم مسؤولية تغيير البيئة الطبيعية للأعمال بالاعتماد على المعلومات المتوافرة ودعم القائد.
القائد يتحمل مسؤولية تأمين وتوفير الموارد.	التكنولوجيا والموارد المادية	أعضاء الجماعة يتولون مسؤولية توفير الموارد بالاعتماد على المعلومات المتوافرة وبدعم من القائد.
القائد يتحمل مسؤولية تحديد وتوفير التدريب والاستشارات اللازمة للجماعة.	التدريب والاستشارات	القائد يتأكد بأن أعضاء الجماعة لديهم المعرفة والمهارة لتحديد احتياجاتهم التدريبية والاستشارية. يتولى أعضاء الجماعة مسؤولية تحديد وتوفير التدريب والاستشارات التي تحتاج اليها الجماعة.
القائد يحدد المعلومات بما في ذلك التغذية الراجعة التي يحتاج إليها الأعضاء، ويقوم بتوفيرها ويتم ذلك في بعض الاحيان باستشارة اعضاء الجماعة، ويوفر القائد التغذية الراجعة لاعضاء الجماعة عن أدائهم.	المعلومات والتغذية الراجعة	أعضاء الجماعة يحددون المعلومات التي يحتاجون اليها ويوفورونها. يساعد أعضاء الجماعة في تعلم كيف يوفرون وينشطون في طلب التغذية الراجعة.
القائد يصمم نظام التقدير ويقدر من هو الذي سيكافأ.	التقدير	أعضاء الجماعة يصممون نظام التقدير ويقررون من الذي سيكافأ. نظام التقدير الداخلي والخارجي يركز على الجماعة والأفراد.

مهمة (١٤) جماعية

المطلوب دراسة الشكل (١٩) وتحديد الفروق بين دور القيادة التقليدية والابتكارية في البيئة التنظيمية لفرق العمل

أنماط السلوك واستراتيجيات التعامل معها

عندما تبدأ الجماعة في العمل والتفاعل فيما بينها فان عددا من الانماط السلوكية الايجابية وكذلك الانماط السلبية تبدأ بالظهور ولذلك فان الذي يلاحظ عمل الجماعة خلال فترة زمنية كافية بامكانة ان يستخلص هذه الانماط ومن الضروري لقيادة الفريق ان تكون على ادراك ومعرفة بكيفية ادارة هذه الاشكال المختلفة في السلوكيات.

مهمة (١٥) جماعية

١- اعداد قائمة بانماط السلوك التي تعرفونها من خلال خبراتكم السابقة وبحيث تشتمل هذه القائمة على (١٠) انماط سلبية و(١٠) انماط ايجابية.

٢- يوضع إزاء كل نمط من انماط السلوك استراتيجية التعامل معه سواء كان ايجابياً أم سلبياً.

شكل (٢٠)
قائمة لبعض انماط السلوك الايجابية والسلبية وخصائصها المميزة واستراتيجيات التعامل معها

نمط السلوك	خصائصه المميزة	كيفية التعامل مع النمط
الخشن/ المتشدد	ذو تصميم أكيد مطلق، متقلب الرأي، مغرور أحياناً، جاف في الرد، يريد أن يشعرك بأهميته.	حافظ على هدوئك معه، أصغ اليه جيداً، كن حازماً معه ولكن بأدب، حاول أن تكسبه ولا تخسره.
العدواني	عصبي، جارح في بعض ألفاظه، مهاجم، سهل الغضب، مناضل/ عنيد، مندفع، يميل الى السيطرة.	حافظ على هدوئك معه لا تأخذ الاشياء على انها تمسك شخصيا، ابتسم وكن ودوداً معه، ابتعد عن ما قد يثير أعصابه، استمع اليه.
المدعي المعرفة (المتعالم) ابو العريف	يدعي معرفة كل شيء، مسيطر في النقاش، رافض، ساخر، يحاول أن يعلمك يعرض رأيه على الجميع حتى لو لم يكن على علم تام بما يقول.	الاستعانة بمعلوماته كنوع من الاطراء، التأييد مع سياسته ولكن لا تلجأ الى الانتقام منه او الى احراجه، أو محاولة إقناعه، حاول أن توقفه بأسئلة مربكة، استخدم معه الأسلوب التالي: "وجهة نظرك مهمة ولكن علينا أن نسمع وجهة نظر الآخرين"
الودود	دافئ القلب، يثق بالآخرين، بشوش الوجه، مرح، واثق من نفسه، يسعى لكسب صداقة الآخرين، يتحدث كثيراً.	أكسب وده، كن ودوداً معه أيضاً، حاول توجيه المناقشة والسيطرة عليها حتى لا يخرج عن الموضوع، لا تكن جافاً معه.
المتردد	قلق، مرتاب،يفتقر الى الثقة بالنفس، خجول أحياناً، غير حازم، كثير الوعود، يحتاج الى مزيد من المعلومات.	كن صبوراً معه، استخدم الحزم عند اللزوم، ركز على إظهار المزايا، حثه على اتخاذ القرار بسرعة، ابعث الطمأنينة في قلبه.

نمط السلوك	خصائصه المميزة	كيفية التعامل مع النمط
الايجابي/ المتعاون	متحمس، مفكر وصاحب مبادرة، متعاون، يوجه أسئلة- يصغي ويتجاوب بسرعة، يقدم مقترحات.	شجعه على تعاونه، اتخذ منهجاً واضحاً ومحدداً في التعامل معه، تحر الصدق والامانة في الرد الأمين الصادق على أسئلته، تحر الاستفادة من حماسه، تحر الانصات الجيد لما يقوله.
الثرثار	كثير الكلام، صوته عال يتحدث في قضايا متنوعة ومتفرعة.	لا تدعه يضيع وقتك، وجه المناقشة الى الموضوع، اختصر معه.
السلبي	لا يظهر لك الاهتمام، غير متحمس، لا يقدم اقتراحات، له اتجاهات سلبية، غير متعاون.	حاول أن تثير انتباهه واهتمامه، ركز على اتجاهاته السلبية، حثه على التعاون، أبرز المزايا في العمل والخدمة.
المجادل	يهوى المجادلة الى جانب المعارضة، ميال الى إبراز زهوه.	ركز على الجوانب الإيجابية في مدخلاته، شجع الآخرين على التصدي له بعقلانية، حاول الحديث معه على انفراد.
صانع المشاكل	يهوي إثارة المشكلات وإحراج الاخرين	حاول أن تجلس معه على انفراد وتناقش معه بكل هدوء، تفهم وجهات نظره أشغله.
الخجول	يتجنب المشاركة، يجد أحياناً صعوبة في التعبير عن ما عنده.	توجه اليه ببعض المحاولات الهادفة الى دمجه مع الاخرين، أطلب من الآخرين الحديث معه، عزز مدخلاته حتى ولو كانت بسيطة.
المتعالي	يمارس الفوقية في التعامل مع الآخرين، ميال إلى إبراز امتلاكه لخصائص مميزة عن الآخرين.	حاول عدم المساس بمشاعره، استخدم مدخل (نعم.. ولكن..)

حالات حول جماعات وفرق العمل

حالة تطبيقية (١)

مقدمة

ان زيادة وارتفاع حدة المنافسة في الاقتصاد العالمي والتغير التكنولوجي المتسارع، حتم ضرورة تطبيق التحسينات المستمرة في المنتجات لذا فان استراتيجية ان تكون الاول في السوق First to Market اصبحت هي الفاعلة في معظم المنظمات المحلية والعالمية.

ان الاسلوب المقترح لتسريع عملية التطور قد يختلف من منظمة لاخرى فبعض المنظمات تركز على التكنولوجيا الحديثة في الانتاج CAD/ CAM والبعض على تغير الهيكل التنظيمي او اعادة تنظيم فرق العمل المسؤولة عن التطوير في المنتجات. ان افضل الاساليب الشائعة هي تلك الاساليب التي يتم من خلالها التنسيق بين مختلف الوظائف في المنظمة. اذ ان الكثير من الابحاث تشير الى ان الصعوبات التي تواجهها المنظمة في اللحاق بالمنظمات المنافسة وتقديم المنتجات الجديدة هي سبب ضعف التنسيق بين الوحدات والجماعات التي لابد ان تساهم في تطوير المنتجات الجديدة كالصعوبات او المشاكل الناجمة عن كون قسم التصاميم لا ينسق مع قسم التصنيع ويضمن سهولة تصنيع المنتجات التي يصممها كما وان عدم التنسيق بين قسم التسويق والمبيعات وقسم التصميم .. وهكذا.

ولذلك فان المدخل الشائع والاكثر فاعلية في تسريع تطوير العملية الانتاجية وتطوير منتجات جديدة هي من خلال استخدام الفريق لتصميم المنتجات الجديدة بدلا من اناطة هذه العملية الى شخص واحد كذلك الحال بالنسبة للاقسام والوحدات الاخرى، اذ ان استخدام الفرق الوظيفية المتكاملة Cross Functinal Teams اصبح لها دورها الفاعل في تنسيق النشاطات بين الوحدات المختلفة وتؤدي الى انجاز المشروع بتتابع وبشكل متوازي وتقليل التأخير الناجم عن القصور او النقص في المعلومات التي لابد ان تنتشر في عموم المنظمة وحسب الحاجة.

ان فرق العمل يمكنها الحصول على معلومات ومواد مختلفة ومن مصادر مختلفة داخلية وخارجية حول الجوانب الفنية والسوق والعوامل السياسية والمالية من خلال الاتصال مع المنظمات الاخرى لتنسيق تدفق العمل والحصول على الدعم من الادارة العليا وبالتالي نقل (الملكية) للمنتجات الجديدة لجماعات او فرق التصنيع والتسويق والتطوير وغيرها.

ان كل هذا يتطلب فهم ومعرفة كيفية تعامل الفريق مع الجماعات الاخرى لغرض تحقيق اهدافه ورفع كفاءته في الاداء.

ادارة الحدود Boundary Management هي العملية التي تدير الفرق من خلالها التفاعلات مع الاجزاء الاخرى في المنظمة فهي تشير الى الاتصالات الجانبية مع الجماعات الوظيفية الاخرى كذلك مع الافراد في الفروع والتقسيمات

الاخرى ضمن المنظمة. كما وتشير ادارة الحدود الى التفاعلات مع الاخرين وكيفية استجابة الفريق لمدخلات الاخرين وباختصار فهي تصف مجموعة التفاعلات الشاملة التي يجريها الفريق في تعامله مع الاخرين الذين يعتمد عليهم في المعلومات او الموارد او اولئك الذين لابد ان ينسق معهم لاكمال مهمته وكيف يدير الفريق حدوده بحيث يؤثر على ادائه.

ادارة الفرق الحدودية.

قبل وصف كيفية تفاعل الفرق مع الاخرى من المهم عرض بعض مكونات الحالة المدروسة.

ان الدراسة ركزت على ٤٥ فريق عمل لمنتجات جديدة في (٥) شركات ذات تكنولوجيا عالية لتحديد اشكال تفاعلات الفرق مع الاجزاء الاخرى في المنظمة وكذلك الاطراف الخارجية.

في هذه الشركات هناك اربعة اشكال من النشاطات هي:

١- السفير Ambassador

٢- مهمة المنسق Coordinator

٣- الكشافة Scout

٤- مرشد guard

١- السفير تلك النشاطات التي تهدف الى تقديم الفريق للاخرين وحماية الفريق من التداخلات، ان قائد الفريق عادة يتحمل المسؤوليات على الرغم ان الاعضاء يشتركوا في ذلك وبصورة خاصة ذوي المهارات العليا منهم. ان نشاطات

السفير غالباً تؤثر على الافراد في المستويات الاعلى في المنظمة وتهدف الى تحقيق الاهداف التالية:

١. حماية الفريق من الضغوط السياسية.

٢. الحصول على الدعم والاسناد من البيئة الخارجية كالحصول على الموارد المطلوبة وإثارة حماس الجهات الخارجية حول مهمتهم التي يقومون بها.

٣. تحديد درجة تقدم اعضاء الفريق في انجازه لمهمته ورفع التقارير بصدد ذلك الى المستوى الاعلى.

٤. تطوير فهم واضح لاستراتيجية الشركة وتحديد الفرص والتهديدات المحتملة التي قد تواجهها.

من هذا يتضح ان مهمة السفير هي الاجابة على الاسئلة التالية ما هي استراتيجية الانتاج الحالي؟ كيف يتوافق الانتاج الحالي مع الاستراتيجية؟ كيف تحقق ارباحاً قياساً بالمنافسين؟

٢- منسق المهمة Task Coordenator

ان مهمة المنسقين هي الاتصالات الجانبية بدلا من الاتصالات الصاعدة، هذه الاتصالات غالبا ما تكون بين قسم الصنع والجماعات العاملة في البحث والتطوير وايضا مع قسم التسويق.

تهدف نشاطات المنسق الى تنسيق جهود الفريق مع الاخرين مثل مناقشة مشاكل التصميم، الحصول على المعلومات المرجعة حول مستوى تقدم الفريق للحصول على معلومات حول

مستوى تقدم الجماعات الوظيفية الاخرى التي لها دور في تحقيق الاهداف.

ان التخطيط للتنسيق يتم من خلال المفاوضات للتأثير في الاخرين من حيث السرعة في التطوير لعملهم او المشاركة في المعلومات المتوفرة لديهم. ومن المحتمل مساهمة اعضاء الفريق في بناء العلاقات الشخصية مع الجماعات الاخرى وبذلك يوفر فرصة للمنسقين في تكريس وقتهم وجهدهم في التنسيق الخارجي الذي من الممكن ان يكون اكثر اهمية.

٣- الكشافة Scouts

ان مهمة الكشافة هي الخروج من الفريق لجلب معلومات حول المهام والنشاطات في المواقع الاخرى في المنظمة، وغالباً ما تكون هذه المعلومات عامة قياسا بما يقوم به المنسق هذه المعلومات العامة تتركز حول الاسواق، التكنولوجيا، المنافسة لذلك فغالباً ما تكون الاتصالات مع جماعة المبيعات والتسويق، ان هذه المهمة تكون ذات أهمية كبيرة في المراحل الاولى من تطوير المنتج الجديد.

٤- نشاطات الحارس Guerd

ان هذه النشاطات تختلف من النشاطات الثلاثة السابقة، اذ تصمم لغرض صيانة وحفظ المعلومات والموارد ضمن الجماعة ومنع الاخرين من سحبها الى خارج الجماعة.

ان النشاط الاساسي للحارس هي في حفظه للمعلومات بشكل سري ولذلك فان المستويات العالية من نشاط الحراسة

غالباً ما تكون موجودة في فرق العمل في المشاريع المهمة والتي تحتل اسبقيات على المشاريع الاخرى في المنظمة والتي تواجه منافسة عالية.

تغيير النشاطات الحدودية

ان ادارة النشاطات الحدودية تتطلب النظر الى دورة حياة المنتوج لكي ينجح فريق العمل في مهمته. من الممكن تقسيم مراحل دورة حياة المنتوج الى (٣) مراحل هي مرحلة خلق وتكوين المنتوج Creation ومرحلة تطوير المنتوج Develepment واخيرا مرحلة انتشار المنتوج Diffusion

في مرحلة خلق المنتوج التي تعد المرحلة الاولى والاولية في دورة حياة تطور المنتوج لا يزال المنتوج فكرة يسعى الفريق لتحديدها وتنظيمها من خلال الاستكشاف فالفريق لابد ان يدرس العديد من الاحتمالات الفنية مع ربط الحاجات السوقية بالاعتبارات الفنية كذلك دور الفريق في الحصول على الدعم من المنظمة. في هذه المرحلة من الملاحظ بان مستويات عالية من نشاطات السفير ومهمة المنسق والكشافة لانجاح الفريق وخلال هذه الفترة لابد من جمع كمية كبيرة من المعلومات، الفنية ومعلومات عن السوق، ما هي المنتجات التي يمكن بيعها بكفاءة والمعلومات السياسية حول من في المنظمة يدعم المشروع وما هي الموارد المتوفرة؟ بالاضافة الى ان العديد من الفرق لديها اعضاء يبدأون في بناء علاقات مع افراد في مواقع وظيفية اخرى لتسهيل التفاعل في المراحل القادمة.

لغرض التقدم نحو المرحلة الثانية مرحلة التطوير لابد للمشروع من ان يحصل على بعض الدعم والاسناد من المنظمة.؟ في هذه المرحلة يتم الاتفاق على المواصفات الخاصة بالمنتوج لذا فان المهمة الاساسية للفريق هي تطوير النموذج الاصلي.

ان النشاط الاساسي في هذه المرحلة هي استثمار المعلومات والموارد التي سبق ان حصل عليها الفريق، حيث يكافح الفريق لايجاد الطريقة الكفؤة للتنسيق بين الاعضاء وفي هذه المرحلة فان نشاطات السفير والكشافة اقل مما كان في المرحلة الاولى. ان فرق العمل الناجحة هي التي تقلل قدر الامكان دمج الافكار من المنظمات الاخرى أي لابد من الاعتماد على الابداع والابتكار الذاتي وحل المشاكل، اما نشاط المنسق فيبقى كما هو في المرحلة الاولى ان التغيير في النشاطات الحدودية يكون ايضا في المرحلة الثالثة، مرحلة الانتشار حيث ان هذه المرحلة تشير الى نقل التكنولوجيا الخاصة بالمنتج والمهارات الفنية والجماعية وكذلك الرغبة بنقل المنتجات من الفريق الى الجماعات الاخرى في المنظمة وبصورة خاصة المبيعات والتسويق والتصنيع. ان المهمة الاساسية للفريق تصبح هي تصدير العمل الذي أنجز. في هذه المرحلة لابد من مستويات عالية من الاتصالات الخارجية حيث يقوم الفريق باقناع جماعة التصنيع بضرورة ان يأخذ المنتج المصمم الاسبقية وان يقتنع جماعة التسويق بتوثيق ذلك.

ان التطبيقــات اعــلاه ســاهمت في نجــاح الشــركة وتحقيقها حصص سوقية عالية وكما سبق ان ذكرنا ليس بسبب التكنولوجيا وانمـا بمـا تحقـق مـن خـلال النشـاطات التنسـيقية لفرق العمل.

تحليل سلوك الفريق / نشاط للمتدربين

الخطوة الأولى: اخـتر فريـق عمـل وحـاول تشـخيص خصائصـه كفريق - حدد هذه الخصائص التي تراهـا بربطها بالخصائص التي درستها.

الخطوة الثانيـة: حـاول وصـف سـلوكيات الفريق بملاحظتـك لعملة لمدة (٣) ساعات.

الخطوة الثالثة: صـف الاهـداف والمعـايير وتركيـب او تشـكيله الفريق وثقافته.

الخطوة الرابعة: حاول تشخيص الفاعلية الكلية للفريق.

الخطوة الخامسة: حدد الخصائص المتشـابهة في اعضـاء الفريـق وكذلك الاختلافات.

الخطوة السادسـة: كيـف يمكنـك تطـوير عمـل الفريـق، حـدد العناصر الرئيسية التي يمكن تضمينها لزيادة فاعلية الفريق.

حالة (٢)

افترض أنك مـدير لاحـدى الشـركات الصنـاعية الكبـيرة لانتـاج المعـدات والتجهيـزات الكهربائيـة، وان لـديك خمسـة اقسام رئيسية قسم الانتاج فيه (٢٠٠٠) عامل وقسم التسـويق والمبيعـات (٧٥) عامـل وقسـم المـاليـة (٥٠) عامـل وقسـم الخدمات (٥٠) عامل وقسم التطوير (٢٥) عامل. تتعامـل مـع العديد من الوكلاء

داخل وخارج بلدك حيث تصدر لهم منتجاتك وتستورد من بعضهم بعض المواد الاولية والتجهيزات. في الاونة الاخيرة ظهرت المشكلات التالية:

١- زيادة في معدلات دوران العمل بنسبة ٢٠% اما بالسفر الى الخارج والحصول على فرصة عمل افضل او لاسباب تتعلق بالتفرغ لاكمال الدراسة اذ ان الشركة لا توفر خدمات تعليمية لافرادها.

٢- زيادة عدد المنتجات المعيبة بسبب انخفاض مهارة اغلب العاملين.

٣- ازدياد شكاوى الزبائن من عدم الاستجابة لخدمات ما بعد البيع كالسابق (ايصال السلع وتركيبها وصيانتها).

٤- ارتفاع تكاليف الانتاج مع استمرارية الشركة في بيع منتجاتها بنفس الاسعار السابقة.

المطلوب

١- تصميم برنامج للجودة الشاملة لحل المشاكل الواردة اعلاه بعد تحديد الاحتمالات للمتغيرات التي ادت الى هذه المشاكل.

٢- ما هي الخطط التي تحتاج لتطويرها ازاء كل مشكلة من المشاكل وما هي عناصر كل خطة.

٣- ما هي المشاكل التي من المحتمل ان تظهر كنتيجة لتطبيق هذه الخطط المقترحة.

مقومات الأداء المتميز للأفراد والمنظمات

تركز النظرة الهيكلية للمنظمة على الطريقة التي يتطور فيها الهيكل استجابة لمهمات وبيئة المنظمة. إذ يضيف إطار الموارد البشرية بعدا إضافيا - أي التفاعل بين المنظمات والأفراد- وتعد مهارات الأفراد وتبصرهم وأفكارهم وطاقاتهم والتزامهم من أهم موارد المنظمة. وقد تكون المنظمات بعيدة عن الصفات الإنسانية ومحبطة للمواهب البشرية وبذلك يعمل الموظفون على مصارعة النظام. فحين يبدأ المدير بالطلبات التي لا طائل لها لمعرفة ما يقوم به العاملين، فان العاملين سرعان ما يبدأو بالبحث عن طرق للدفاع عن أنفسهم أو حتى الانتقام. ويجب أن لا يصل الحال الى هذا الحد، بل يجب أن تسعى المنظمات لان تكون حاثة ومنتجة وتقدم الحوافز للأفراد إلى جانب تحقيق أهداف المنظمة.

لقد برزت تساؤلات عديدة فيما يتعلق بالمنظمات المعاصرة وهذه التساؤلات تركز على دور الادارة اتجاه الأفراد، هل هو دور المسيطر الذي لا يراعي الجانب الإنساني أم هو الدور الذي يلبي الحاجات البشرية للأفراد والعاملين؟ وهل ان المنظمات تستنفذ العاملين وعندها تشعر بأنها لابد أن تستغني عنهم في أوقات أخرى تسعى الى التخلص منهم وإنهاء خدماتهم؟

هذه الأسئلة مهمة في تسليط الضوء على حجم وقوة ونفوذ المنظمات المعاصرة وتشير المصروفات الحكومية الى زيادة النسبة الاجمالية للثروة لكل بلد والكثير من هذه

المصروفات تنفق لدعم المؤسسات. ويشهد القرن العشرين نمو غير اعتيادي في القطاع الخاص ومن ضمنها الشركات الوطنية المتعددة الجنسية العملاقة. وعلى سبيل المثال، فان العوائد التي تحققها شركة (GM) للسيارات والتي تعد من أكبر الشركات العالمية، هي اكثر من الناتج المحلي الاجمالي لأغلب دول العالم حيث تكون القرارات السياسية والاقتصادية بيد الهيئات العملاقة. فكيف يمكن للأفراد التمتع بالحرية والكرامة في مثل هذه الشركات؟

إن الإجابة عن هذا السؤال ليس سهلا، بل يتطلب فهم الأفراد والمنظمات إضافة الى فهم العلاقة المعقدة بين الاثنين. إن إطار الموارد البشرية ينبثق من البحوث والنظريات المبنية على الافتراضات التالية:

١- تتواجد المنظمة لتلبية الحاجات البشرية (وليس العكس)

٢- إن المنظمات والأفراد بحاجة إلى بعضهم البعض (المنظمات بحاجة إلى الأفكار والطاقات والمواهب، والأفراد بحاجة إلى الوظائف والأجور وفرص العمل).

٣- عندما يكون التوافق بين الفرد والمنظمة ضعيف جدا، فان أحدهما أو كليهما سيعاني: فالمنظمات ستستغل الأفراد أو يسعى الأفراد لاستغلال المنظمات أو الاثنين معا.

٤- إن التوافق الجيد بين الفرد والمنظمة يعود بالفائدة على كل منهما: إذ يجد الأفراد عملاً ذا قيمة ومرضي، وتحصل المنظمات على المواهب البشرية والطاقة التي تحتاج اليها.

الحاجات البشرية

هناك اختلاف في وجهات النظر حول مفهوم الحاجة فبعض العلماء يرفضون الفكرة برمتها، وينظرون الى مفهوم الحاجة على أنه مفهوم غامض جدا لأنه يشير الى شيء يصعب تحديده ولان السلوك الانساني تسيطر عليه العوامل البيئية بدرجة كبيرة مما يجعل مفهوم الحاجة ليس ذا جدوى في شرح كيفية تصرف الأفراد.

وعند النظر الى الموارد البشرية نجد أن مفهوم الحاجة يعد مهما، وعلى الرغم من ذلك يصعب تحديد الحاجات. إضافة لذلك فان الفكرة القائلة بان الأفراد لهم حاجات هو بمثابة موضوع مركزي في علم النفس الشعوري. فالأبوان يتحدثون عن حاجات أطفالهم ويحاول السياسيون الاستجابة لحاجات أعضائهم ويحاول المديرون تلبية حاجات عامليهم.

باختصار، تتضح أهمية الحاجات البشرية والتي تتشكل من إضافة الحاجات الوراثية فالأفراد يحاولون تلبية حاجاتهم واذا لم تلبى هذه الحاجات فسيؤدي ذلك الى عدم استقرار الأفراد أما اذا حصل العكس فسوف يصل الأفراد الى مرحلة الاستقرار وتحقيق الأهداف مما يؤدي الى سعادة الفرد والدافعية في العمل.

القدرات والامكانيات:

ان تحقيق السيطرة على الذات وكذلك على المواقف التي يتعرض لها المدير يكون من خلال استثمار القدرات والطاقات. ان قدراته وامكاناته تتأثر بتحفيزه الذاتي لتعزيز جهوده في أي

نشاط اذ بدون التحفيـز الـذاتي تبـدو الاعـمال والمواقـف اكـثر صعوبة.

ان القائد المؤثر يسعى دائمـا الى تقريـب آرائـه الى أراء الناس واشعارهم بـأهميتهم وتقييـم ارائهـم وهـو المبـدأ الـذي يعتبر اليوم أساساً في التعامل مع العاملين، وكمـدير شركـة مـن الضروري أن تتقصىـ طبيعـة النـاس مـن حولك وتتعـرف عـلى طريقة تفكيرهم وسلوكهم وبهذا تصبح اكـثر قـدرة عـلى التـأثير فيهم واكثر قربا منهم وبذلك يمكنك ابتداع المحيط الممتع الذي يؤدي الى انتاج الافضل.

بامكـان المـدير ان يحقـق الوتـائر العاليـة في الأداء والانتاجية للعاملين في المنظمة من خلال ما يلي:

١- فهم الأسلوب والفلسفة الإدارية.

٢- تشجيع التفكير بالشراكة.

٣- ربط الحوافز بالأداء.

٤- تحفيز العاملين على تحمل المسؤولية.

٥- تجنب العوامل المحيطة للتحفيز.

أولاً: فهم الاسلوب الاداري والفلسفة الاداريـة المناطـة بـه وهـو يعكس كيفية التعامل مع العاملين.

ان هذا يعتمد عـلى فهم سلوك الافراد وهنالك مجموعة من النظريات التي تساعد المديرين على الفهم الافضل لسلوكيات الافراد كالآتي:

نظرية X ونظرية Y

يشـير دوكـلاس مكريكـر في كتابـه الجانـب الانسـاني للمؤسسـة (١٩٦٠) الى طريقـة جديـدة في تعامـل المـدراء مـع العاملين وفقاً لمفهوم الطبيعـة الانسانية. اذ يوضح مفهـومين متضادين نظرية X ونظرية Y يقول مكريكور ان انصار نظريـة X يقدمون الافتراضات التالية:

١- العمل غير مستساغ بالوراثة.

٢- الانسان العادي او المتوسط كسول وغير طموح.

٣- يفضل العاملون اشرافاً مباشراً.

٤- الافراد عادة يتجنبون تحمل المسؤولية.

٥- الحافز الاساسي للعمل هو الاجور.

٦- لتحقيق اهداف المنظمة لابد ان تغدق علـى وتحفـز الأفـراد العاملين.

اما أنصار نظرية Y فيقدمون الافتراضات التالية:

١- الناس عادة يستمتعون بالعمل.

٢- العمل طبيعي كاللعب.

٣- تحقيق انجاز يفتخر به العامل لا يقل شأنا عن الاجور.

٤- العمال ملتزمون بعملهم.

٥- يميل العاملون الى الشعور بالمسؤولية.

٦- العاملون على كافة المستويات يميلون الى الابداع والاصالة في العمل اذا اعطوا الفرصة لاظهار ذلك.

دعنا نتصور كيف تتعامل مع العاملين في مؤسستك؟ كيف تعاملهم او تتحدث معهم او تتحدث عنهم؟ خذ يوم عمل أو اسبوع عمل مثالي ولاحظ من خلاله ما يصدر منك من أفعال واستمع لما يصدر عنك من حديث مع العاملين وحاول ان تجد موقعك من احد المفهومين نظرية X ونظرية Y هل أنت في نظرية X أم Y او انك في موقع وسط ان هذه الافتراضات تقدم تصورات المدراء نحو العاملين ولها تأثيراتها في علاقة المدير مع العاملين وربما تؤثر في اداء العاملين.

ان الاسلوب الذي تفترضه نظرية X يعتمد على مبدأ عدم الثقة بالعاملين حيث لا يثق المدير الا بنفسه وهذا يسمى بمبدأ الادارة بالسيطرة والتحكم وهذا يخالف تماما افتراضات نظرية Y اذ ان اسلوب الادارة حسب هذه النظرية يشيع الثقة المتبادلة بين المدير والعاملين وبهذا فان المدير هنا يفوض العاملين باتخاذ ما يرونه مناسباً لانجاز العمل بالشكل المطلوب وهذا ما يسمى بادارة تفويض العاملين فاذا كنت من انصار نظرية X فسيكون اسلوبك معتمدا على إصدار الاوامر الشديدة والتعليمات التفصيلية الى العاملين ومراقبتهم مما يولد لديهم الاستياء والامتعاض من العمل والعكس هو الصحيح بالنسبة لنظرية Y اذ ستبني ثقة متبادلة مع العاملين وتعطيهم حق اتخاذ القرار وتشجعهم على تحمل المسؤولية مما يولد لديهم حب العمل والاخلاص للمنظمة وبالتالي سرعة الانجاز وزيادة الانتاج. ولكن مع ذلك لا تفترض ان المدير هنا يعطي المسؤولية الى

العاملين كيفما اتفق وانما المقصود ان المدير من خلال التفاعل مع العاملين ينتقي العاملين الذين اذا اتخذوا قرارا او بادروا انما يعود ذلك القرار او تلك المبادرة بالمنفعة على القسم الذي يعملون فيه وهكذا يجب عليك أن تحكم بدقة على الظرف والمكان والزمان والشخص قبل اعطاء المسؤولية لغيرك من العاملين. فمثلاً لو حدث حريق في البناية التي تعمل فيها ليس من المنطقي ان تنتظر اجماعاً في الرأي حتى تتخذ اجراءاً لاطفاء الحريق.

مهمة (١٦) متى تحتاج الى تطبيق نظرية X

حدد الظروف التي من الممكن الاعتماد على هذه النظرية فيها وما هي النتائج الايجابية او النتائج السلبية عند تطبيق هذه النظرية في مختلف الظروف.

الحاجات الانسانية والاستجابة لها:

ما الذي يدفع الانسان لسلوك معين؟ صحيح ان التحفيز يأتي من داخلنا ولكن ما هي القوى الداخلية التي تحفزنا أو تثيرنا.

للاجابة عن هذا السؤال قام ابراهام ماسلو بدراسة للحاجات الانسانية ووضع خمسة مجموعات من الحاجات على شكل تدرج حسب أهميتها الحيوية للأفراد فالحاجات الاساسية (الفيسيولوجية) تأتي أولاً تليها الحاجات المتعلقة بالامان والسلامة أما المستوى الثالث من الحاجات فهي حاجات الانتماء الاجتماعي

كالحاجة الى الانتماء الى جماعة معينة وان تكون محبوباً وتنال احترام الاخرين وتأتي الحاجات الذاتية المتعلقة بالمركز الاجتماعي بالمستوى الرابع (الحاجة الى احترام الذات) واخيرا الحاجة الى تحقيق الذات أو اكتشاف مواطن القوة في داخل الفرد وامكانية الافادة منها في شتى المجالات تأتي بالمستوى الخامس.

ان بالامكان الاستفادة من نظرية ماسلو في تحسين الاداء بواسطة الربط بين سلوك العاملين المهني أو الوظيفي وحاجاتهم الذاتية اذ يتحفز العاملون للعمل اذا كان هذا العمل يلبى حاجاتهم الذاتية وبهذا يمكن للمديرين من الاستفادة من هذه النظرية كدليل لمعرفة دوافع العاملين من خلال معرفة حاجاتهم.

اكتشف دوافع العاملين من خلال ما يلي:

١- مراقبة العاملين والكشف عن ما يثير عندهم من رغبة او امتعاض في العمل، مع توفير الفرص للانجاز الجيد.

٢- تعيين مجموعات رئيسة من العاملين للاستشارة والاخذ باقتراحهم.

٣- الايحاء للعاملين بان كل واحد منهم فريد من نوعه مع الكشف عن المهارات والمواهب في كل منهم.

٤- عمل استبيانات عن ظروف العمل والاستفادة منها في تغيير الكثير من اوضاع العمل ومنها وضعك كمدير.

٥- اجراء مقابلات للذين تركوا العمل لتتعرف على الاسباب التي دعتهم لذلك.

٦- افتراض ان التطور الذاتي للعاملين والابداع في العمل مهم لك كمدير وكعاملين على حد سواء مع اخذ تصورات العاملين عن الوضع المالي للعمل.

مهمة (١٧) عمل جماعي

حدد الأساليب التي من الممكن اتباعها من قبل المدير للايفاء بكل مستوى من مستويات الحاجات المحددة وفق سلم ماسلو؟

وفق الجدول الاتي / محدداً (٥) أساليب لكل مستوى

الحاجات الاساليب المتبعة للاشباع	الفسيولوجية	الامان	الاجتماعية	تأكيدات	تحقيق الذات
١					
٢					
٣					
٤					
٥					

الشخصية والمنظمة

لقد وجد (ارجرس) بان هناك تناقضا بين الشخصية البشرية وطرق بناء وإدارة المنظمات، وذلك لان للأفراد "اتجاهات تحقيق الذات" والتي تتطور باتجاهات محددة عندما يتحرك الأفراد من الاعتماد على الآخرين الى الاستقلالية ومن المهارات والاهتمامات الضيقة الى المهارات والاهتمامات

الواسعة جـدا. ويتطور الأفراد مـن المسـتويات الـدنيا للإدراك الـذاتي والرقابة الذاتيـة الى مسـتويات عاليـة لكـل مـن الإدراك والرقابة الذاتية.

والتناقض يزداد عندما يتحرك الأفراد إلى أدنى السـلم الوظيفي حيث تكون الوظائف آلية وتصبح القيادة اكثر توجيهاً ويصبح الهيكل التنظيمي الرسمي اشد.

يمكن للموظفين ايجـاد طـرق للمقاومـة والتكيـف مـع الإحباط الذي تولده المنظمات من خلال الخيارات التالية:

١- يمكن للأفراد الانسحاب من المنظمة من خلال عدم الحضـور أو الاستقالة.

٢- يمكن للأفراد البقاء على الوظيفة لكنهم ينسحبون نفسيا ويصبحون سلبيين تجاه المنظمة.

٣- يمكن للأفراد أن يقاوموا المنظمـة مـن خـلال تقليل الانتـاج والقيام ببعض الأعمال التخريبية.

٤- يمكن للأفراد تسلق السلم الوظيفي إلى وظيفة أفضل.

٥- يمكـن للأفـراد تكـوين مجـاميع ومـنظمات (كاتحـاد العمال) والتي تحاول إعادة تشكيل توازن القوى بين الفرد والنظام.

٦- يمكن للأفراد تطبيع أنفسهم لكي يؤمنوا بان العمل هو غير مفيد وليس هناك أمل في التقدم.

ناقش كلا من (ارجرس) و (ماكريجور) التطبيقات الإدارية على انها عدم توافق بين حاجات العاملين والإدارة. وكلاهما يعتقدان بان المديرين لا يفهمون سلوك العاملين. وقد قام (ارجرس) بوصف ثلاث استراتيجيات يمكن استخدامها من قبل المديرين، وهذه الاستراتجيات بدلا من أن تحل المشكلة فانها تفاقمها:

١- المدخل الأول: القيادة الحركية - يعتمد هذا المدخل على افتراض ان العاملين سلبيين ولابد أن يقادوا ولذلك فان المديرين يتحملون معظم المسؤولية.

٢- المدخل الثاني: الرقابة المشددة من خلال الرقابة على النوعية ودراسات الوقت والمركز.. وهكذا في الواقع، ان ذلك يقود الى قلب وتدهور العلاقة بين الإدارة والعاملين بسبب لعبة التنافس بين كليهما.

٣- المدخل الثالث: وكما يسميه (ارجرس) "القيادة المركزية الواقعية" وفيه يتحمل القائد مسؤولية تلبية حاجات العاملين وحاجات المنظمة لوحده.

ولذلك فان تكييف الاستراتيجيات الثلاثة حسب الموقف ذا اهمية في قيادة وتوجيه الافراد. أي لابد من اشراك الافراد في المسؤولية مع اعطائهم الصلاحيات اللازمة وإتاحة الفرصة لهم للتعلم وتوجييهم وفق الاهداف التنظيمية.

ثانياً: تشجيع التفكير بالشراكة في العمل

اذا اردت ان تحصل على اعلى درجة من اندفاع العاملين وتكسبهم كرصيد مهم للمنظمة، دعهم يشعرون ويمارسون العمل كمالكين او شركاء في المؤسسة، فالمدير المؤثر اذن هو الذي يستطيع أن يشعر العاملين لديه وكأنهم شركاء في راس المال وهذا الشعور يولد لديه الحرص على المؤسسة والمحافظة عليها وتطويرها نحو الافضل.

لقد اعتمدت العديد من الشركات الكبرى مثل شركة Walmart و Microsoft ومئات الشركات الصغيرة على اسلوب معاملة العاملين كشركاء وليس كاجراء

من الخطوات التي تخلق شعور العاملين بالشراكة ما يلي:

١- اعطاء صورة كاملة عن المؤسسة.

٢- شرح آلية عمل المؤسسة وارداتها.

٣- توضيح مفهوم المنافسة.

٤- تشجيع المخاطرة الذكية

٥- ابتداع روح المبادرة والتجديد.

ان كل خطوة من الخطوات تتطلب اجراءات محددة يوضحها الشكل الآتي:

شكل (٢١) إجراءات خلق شعور لدى العاملين بالشراكة

خطوات الشراكة الاجراءات	اعطاء صورة عن المؤسسة	توضيح آلية عمل المؤسسة	توضيح مفهوم المنافسة	تشجيع حالة المخاطرة الذكية	ابتداع روح المبادة
١	توفير المعلومات الخاصة عن المؤسسات تاريخهـا، مستقبلها.	تنظيم بـرامج تدريبيـة لتوضيح آلية العمل في المنظمة	ايجاد علاقة مباشرة بـين العاملين وزبائن المؤسسة	السمـاح للعـاملين باتخــاذ قرارات تتضمن نوعا من المجازفة	تخصيص وقتـاً لدراسـة الطـرق الجديـدة في العمـل والوصـول الى افكـار مبدعة
٢	اشراك العـاملين بتقرير الربح والخسارة	تـوفير الوثائق التـي تشـرح خطط المؤسسة واهدافها	تعريـف العاملين بمسـتوى اداءالمؤسسة وعدد ونوع المنافسين لها	التعامل مع الاخطاء على انهـا دروس وخبرة	اسنـاد ودعـم الافكـار الجديـدة وتنفيذها
٣	التعريـف بمهمـة الشــركة ونشـاطها ومنـح الفرصـة للعاملين لمعالجـة معوقـات العمل.	الاستراتيجية تحليل ودراسة آراء العاملين ومقترحاتهم	تعيـين مسـؤول لمتابعـة المعلومـات الخاصـة بالمنافسـة وعرضها	توقع نتائج غـير مرضية كنتيجـة طبيعـة للمبادرة	تنظيـم حلقـات بحث عـن الابداع والتجديد

خطوات الشراكة الاجراءات	اعطاء صورة عن المؤسسة	توضيح آلية عمل المؤسسة	توضيح مفهوم المنافسة	تشجيع حالة المخاطرة الذكية	ابتداع روح المبادة
٤	تعزيـز دور قسـم العلاقـات والاتصـالات في نشـر الكراسـات والوثـائق بشكل دوري	تـوفير الوثـائق الخاصـة بالصناعة عامة والاتحادات او الجمعيـات الصناعية خاصة	تنظيـم سـجلات وحلقـات خاصـة بالمنافسـين ليتسـنى للعـاملين تطـويـر استراتيجيات للحصـول علـى فوائـد تنافسية	تشـجيع المبـادرات الناجحـة وتحفيزها	اطلاع العاملين على افكار زملاءهم بـالاعلان عنهـا عـن طريـق المنشورات
٥			تشـجيع العـاملين بالمشاركة في المـؤتمرات والمعـارض التي تشترك بها المؤسسة	توضـيح مفهـوم المخاطرة المحسـوبة والمخـاطرة غيـر المحسوبة	اسـتخدام الوسـائل الترفيهيـة في العمل كالموسيقـى لاسهام العـاملين للابداع عـدم معاقبـة المبـادرات التي بـاءت بالفشل

حالات عن الأداء المتميز والإبداعي
حالة (١) مدى تأثير العامل على الشركة

نفـترض أن أحـد العـمال المسـؤولين عـن نقـل الامتعـة لشركة طيران معينة في مطار معين ليس عـلى درجـة عاليـة مـن الاداء والدافعية للعمل ولنفترض بـان الطائرة وصلت متأخرة وعليه نقل الامتعة من هذه الطائرة الى اخرى بدقائق قليلة فلا يتعب نفسه ويبقى الحقائب بمكانها انتظاراً لاقلاع طائرة اخرى ذاهبة الى نفس المدينـة بعـد سـت سـاعات تصـل المسـافرة الى المدينة ولديها اجتماع مهم، تحتاج الى وثائق مهمة موجـودة في حقائبها، تذهب وتقدم شكوى الى ممثل الشركة امام مجموعـة من الزبائن ثم تـذهب الى الاجتماع متـذمرة فيتعـاطف معهـا زملاؤها في الاجتماع وهكذا ستنتشر اخبار هذه الحادثة. ما هو تأثير سلوك هذا العمل اذن على شركة الطيران؟

سـتفقد الشـركة اولاً زبونـة مهمـة وربمـا لا يفكر زملاؤهـا ان يسافروا على متن طائرات هذه الشركة وبالتـالي سيتسبب هـذا العامل بسمعة سيئة للشركة بل قد يتعدى تأثير ذلك الى زملاؤه العاملين في نفـس الشركة فيفقدون وظائفهم يسـبب خسـارة الشركة.

ثالثاً: ربط التحفيز بالاداء:

قبل التطرق الى الأسـاليب التـي يمكنـك استخدامها في تحفيز الاداء لابد من تحديد مفهوم الاداء.

ان لكل عمل سياقاته ومساراته المختلفة ولا نتوقع بان اسلوبا واحداً يصلح لكل المسارات ولذلك فان مقاييس ومستويات الاداء تختلف حسب الموقف وطبيعة العمل.

ان هناك ثمان خطوات لدفع العاملين للأداء الاعلى هي:

١- مساعدة العاملين في التطور والتحسين المستمرين.

٢- وضع قياسات ومستويات واضحة للعمل.

٣- تعيين حجم مسؤولية العاملين.

٤- مساعدة العاملين في الوصول الى المستويات الاعلى في الأداء.

٥- توثيق المعلومات الخاصة بالاداء.

٦- تحديد طريقة اداء العمل.

٧- المتابعة الدورية للاداء.

٨- استخدام نظام المكافآت على وفق مستوى الاداء وخصائص العاملين.

مهمة (١٨) جماعية

أوضح أساليب التي بامكانك استخدمها في تنفيذ كل خطوة من الخطوات الثمانية لدفع العاملين للأداء الأعلى.

رابعاً: تحفيز العاملين على تحمل وتقبل المسؤولية

لقد حان الوقت للتقليل من مسؤولية المديرين والعمل على انشاء مؤسسة محفزه ذاتياً حيث يتحمل العاملون مسؤولية تحفيز انفسهم. وهذا يتم من خلال اعطائهم المسؤولية لانجاز عمل معين وتفويضهم السلطة لانجاز

هذا العمل بطريقتهم الخاصة مع تشجيعهم على الشعور بالقوة والقدرة والثقة بالنفس.

لم يعد الاسلوب التسلطي مجدياً اذ يكون العاملون متذمرين طوال الوقت ويعتبرون الادارة نداً لهم ويتقبلون الأمر الواقع فهذه احدى العاملات في فندق من فنادق الدرجة الاولى تعمل بجد واخلاص على راحة زبائن الفندق وتحتل احد الطوابق حيث تكون غرفتها هناك وعندما تسأل ما هو شعورك تقول ان عملي الاساسي هو شعوري بان هذا الطابق يعود لي وليس لاحد انها مسؤوليتي ان أسهر على راحة زبائني ولا احتاج الى موافقة حتى اقوم بعمل أي شيء أراه ضروريا وكثير من الناس يعتقدون انني مالكة لهذا الطابق. ان مدير هذه العاملة اعطاها واعطى العاملين الصلاحيات اعتقادا منه ان ذلك سيعود بالفائدة على الفندق.

ان تقبل المسؤولية لا يعني العمل طوال الوقت وبانشداد، فلا بد من ان تعطي كمدير فرصة للعاملين ولنفسك في ممارسة واتباع اساليب المرح، اذ ان هنالك علاقة بين المرح في العمل وبين التحفز والانتاجية والابداع والرضا عن العمل اذ يتحلى العاملون من الوسط الذي يشيع فيه المرح بالثقة بالنفس والحماس في العمل والروح الجماعية ويعتبر المرح من الاستراتيجيات الادارية لبعض المؤسسات المعروفة بانتاجيتها وارباحها.

خامساً: تجنب ومكافحة العوامل المحبطة للتحفيز

يترتب على منصبك كمدير للمؤسسة مسؤولية كبيرة تجاه العاملين وبهذا تؤثر تأثيراً كبيراً على ثقتهم بالنفس وتطلعاتهم ورغباتهم وفوق هذا كله على حبهم للمهمة وانك تسهل في تخفيف الاحباط اثناء العمل وهو دورك الرئيسي- ان هنالك مجموعة من العوامل تقتل التحفيز في العمل من أهمها:

تقويم الاداء ومراجعته

لماذا وكيف يقتل التحفز من خلال عملية تقويم الاداء؟

مهمة جماعية: ما هي الاسباب التي تؤدي الى ان تكون عملية تقويم اداء العاملين عملية غير مرغوب بها من قبلهم بل محبطة لهم؟

وما هو البديل الذي تراه مناسبا لتجنب هذه الاحباطات ضع الاوصاف المحددة والدقيقة لهذه البدائل وفق الجدول التالي

اسباب عدم تقبل العاملين لعملية تقويم الاداء والبدائل المقترحة

الاسباب	البديل المقترح

المسؤولية والقوة أو القدرة القيادية

ان مسؤوليتك كمدير لا تنصرف فقط الى القيام بالوظائف والادوار الادارية فقط وانما تتعدى ذلك الى ادارة وتوجيه العلاقات الانسانية وصنع القرارات. ان تحملك لهذه المسؤوليات يكسبك قوة اتجاه العاملين وهذه القوة غير نابعة فقط

من موقعك في المنظمة وانما من اعتبارهم لك كنموذج مثالي يقتدي به.

كيف يمكنك تحمل المسؤولية وكسب القوة

لابد ان يمتلك المدير حساً بالسيطرة على المواقف، اذ ان جوهر السيطرة على المواقف وعلى ذاته هي تحمله للمسؤولية.

وللسيطرة على المواقف لابد من اتباع ما يلي:

١- توجيه الطاقة نحو النتيجة النهائية التي يبتغيها نحو الاكتشاف الامثل لاداء العمل اذ لابد من ادراك وجود عدد من الطرق التي تؤدي الى بلوغ الهدف نفسه.

٢- اكتساب مهارات متنوعة من خلال التعلم من العثرات وما تصاب به والتعامل مع الامور والمواقف التي تواجهها بروية وتفكير. ان هذا التنوع فيما يكتسب نتيجة الخبرات سيدعمك ويقلل من العثرات.

٣- غرس تحمل المسؤولية في نفوس العاملين لديه من خلال تفويض الصلاحيات وتدعيم الثقة بالنفس وتدعيم الانتاجية الشخصية.

انك كمدير لا يمكنك غرس تحمل المسؤولية لدى العاملين ما لم تتحمل انت المسؤولية الذاتية او الشخصية اولا وهذا يتطلب منك وضع اهداف لنفسك فبعض هذه الاهداف يمكن تحديدها بسهولة خصوصا الاهداف الملموسة ومن الممكن قياس التقدم نحو

تحقيقها اذ كلما كانت الاهداف دقيقة كان من السهل قياس التقدم حيالها.

تتضمن الاهداف النتيجة التي تود تحقيقها والوقت المطلوب لذلك وهناك نقطة مهمة لابد من مراعاتها عند تحقيق التقدم نحو الاهداف وهي ضرورة ان تكون هناك معايير للانتاجية بمعنى الحصول على اقصى حد من الانتاجية بالاستفادة من الوسائل المتاحة لنا. فاذا فرضنا مثلاً ان هدفنا هو قراءة كتاب محدد خلال شهر فبامكاننا ان نحدد مقدار انتاجيتنا لشخصيته بعدد الصفحات التي نستطيع قراءتها فاذا انجزنا بعد (١٠) ايام ٥٠ صفحة من الكتاب الذي هو ٢٠٠ صفحة فان الانتاجية الشخصية لنا هي ٢٠٠/٥٠ = ٢٥% خلال (١٠) ايام. واذا كرسنا جهدنا اكثر واستطعنا في (٥) ايام انجاز ١٠٠ صفحة فنكون قد تقدمنا في انتاجنا الى ٢٠٠/١٠٠ = ٥٠% وهذا تقدما ملموساً.

ان الهدف لكي يكون متحققاً لابد ان يكون محددا من حيث الحجم والوقت وان يكون ذا نتيجة محسوبة قابلة للتحقيق بشكل معقول.

ان المدير في حاجة الى خطة لكي يحول الهدف الى انجاز فالخطة في ابسط أشكالها هي قائمة النشاطات التي ستأخذك من حيث انت الى حيث ما تريد ان تكون في المستقبل ولذلك عليك ان تنتقل من خطوة الى خطة للوصول الى الهدف بشكل منطقي كما ينبغي ان يكون للهدف توقيت كي يقاس بالتقدم

حياله من البداية الى النهاية فاذا لم يكن هناك خطة او اذا لم تتبع التسلسل المنطقي (الشيء الاول اولاً.. والاخير اخيراً) فانك ستضيع الوقت وتفقد الفرصة لاكمال هذه الخطة.

ان الاهداف التي يحددها المدير هي جوهر التخطيط سواء كان في الامد القصير أم الطويل اذ لابد ان تكون الاهداف طموحة ولكنها قابلة للتحقيق في الوقت ذاته.

يعد مستوى الطموح في تحديد الأهداف على درجة كبيرة من الأهمية وذلك لان الأفراد يستجيبون بشكل أفضل للوعد بالانجازات رفيعة المستوى في جميع المجالات، كما يمكن للقائد الذي يفكر بعمله اثبات ان كل ما يبدو غير واقعي ومستحيل هو في الواقع في متناول الجميع ولذلك على المدير ان يحدد اهداف يؤدي تحقيقها الى الاحساس بالفخر وتنال اعجاب المراقبين.

وتقترن الأهداف الطموحة بوجود قيادة ديناميكية، كما وان الاهداف بعيدة المنال يمكن ان تتحقق بالارادة والتصميم والاصرار السليم.

والشكل التالي يوضح نموذجا للاهداف

شكل (٢٢) نموذج الاهداف التي يتم تحديدها

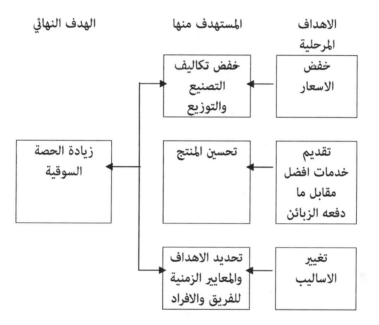

الهدف النهائي	المستهدف منها	الاهداف المرحلية
	خفض تكاليف التصنيع والتوزيع	خفض الاسعار
زيادة الحصة السوقية	تحسين المنتج	تقديم خدمات افضل مقابل ما دفعه الزبائن
	تحديد الاهداف والمعايير الزمنية للفريق والافراد	تغيير الاساليب

نادراً ما يتم تحقيق الاهداف بدون الحاجة الى التغلب على بعض الصعوبات غير المتوقعة وكذلك بعض الاحباط بـل حتـى مواجهة بعض الكوارث ولذلك يعد تحقيق الأهداف رغـم تلك العوائق اختبارا لكل مدير لقوته الادارية وتحمله لمسؤولياته. اذ ان الاحداث السلبية المؤثرة على الاهداف تتطلب إجـراءات فورية للتعامل معها وتتطلب حالة ذهنيـة ايجابيـة لابـد مـن نقلها الى العاملين.

حالة (٢)

ارتقـى كـريم عـبر المراتـب الاداريـة وتمـت ترقيتـه الى الادارة
العامة، أصبح يدير الان حوالي خمسة اضعاف ما كان يـديره في
السابق من المـوظفين ويـدير ميزانيـة اكبر بستة اضعاف مـن
سابقتها، موقعـه الجديد كان تحـت الاضواء. في البدء رسـم
(كريم) خطة استراتيجية لوحدته، كانت الخطة جيـدة الاعـداد،
بينت على معلومات مستوفاة وتمت مراجعتها مـن قبـل الادارة
العليا، سارت الامور جيدا وتسارعت وتيرة العمـل وسرعـان مـا
أصبحت الخطة قديمـة حيـث تجـاوزت الوحـدة الاداريـة التـي
يشرف عليها كريم الكثير من التوقعات التي كانت مرسومة لها.
كثير من النقاط اصبحت بحاجة لاعـادة نظر بهدف السـيطرة
على الموقف كان لديه بعض المعلومات يشـعر انهـا غـير واقيـة،
كان يرغب في ان يكون قراره في تغيير الخطط والاهـداف قراراً
كاملاً.

ان الوتيرة السريعة التي سارت الاحداث وفقها وضعت
(كريم) في مأزق هـو عـدم امكانيتـه في دراسـة القـرارات جيدا
وتدخل عامل الخوف من الفشل وفجـأة ادرك بـان المزيـد مـن
التأخير يتضمن قدرا من الخطورة مسـاوي لاتخـاذ قـرار خـاطئ
فحسم الامر وفق المعلومات المتـوفرة لديه وفعلا تمكـن مـن
اجتياز المحنة ولم تخطي قراراته الا القليل منهـا فاتخـذ قـرارات
متابعة لتصحيح الاخطاء وبشـكل عـام اكتسـب مـن كـل هـذه
المواقف قوة في مواجهة حاجز الخوف وعدم السيطرة.

ان هذه الحالة ترينا مسألة في غاية الاهمية كمدراء وقادة انه في حالة تعرضنا لاي نكسة يجب علينا إعادة تقييم مدى قابلية الهدف للتحقيق باسرع ما يمكن؟ هل يحتاج الامر الى مراجعة جدية؟ هل هناك حاجة الى السماح بإهدار المزيد من الوقت أو المال؟ وقد يحتم علينا في نهاية الأمر التخلي عن الهدف ذاته ولكن علينا اتخاذ تلك الخطوة فقط في حالة وجود تحليل وافي يؤكد ان هذا الحل هو البديل العملي الوحيد وعلينا استغلال هذه الانتكاسة كوسيلة لتنشيط الجهد المتجدد من خلال بقائنا ايجابيين وحاسمين خلال الاوقات العصيبة. ولذلك لابد من تحليل المشكلات التي نتعرض اليها.

ان كلمة مشكلة تعني أمراً يصعب حله أو شيئاً محيراً ولكن من المسؤوليات الاساسية للمدير هي التغلب على اية مشكلات أو عوائق واستبدال المشكلة بحلول وفق عملية التفكير الايجابي.

اذن كيف تفكر بايجابية

اكتشف احد القادة ان مدلول كلمة مشكلة تنم عن سلبية تامة لدرجة انه منع تداولها بين العاملين وتم توجيه المديرين للحديث عن الفرص بدلاً من المشكلات. ان كلمة مشكلة في الواقع تشير الى الحاجة للاختيار بين البدائل، واذا كنا في حيرة من امرنا فعادة ما يكون ذلك لان ما نريد انجازه لم يتضح لنا بعد أو لاننا لسنا على استعداد لتقبل الاختيار الصحيح وتجدر الاشارة هنا الى ان التغلب على الجوانب العاطفية لدي

الفرد التي تحول دون تبني اختيار ما سوف يساعد في اختفاء المشكلة.

حالة (٣)

صارعت منى البقاء في شركتها رغم تخفيض حجم العاملين فيها ثلاث مرات متتالية وكان مديرها قد طلب منها منذ تسعة اشهر اعداد تقرير يتضمن افكارا حول تخفيض حجم العاملين وبينما كانت منى تعد ذلك التقرير كان لديها بضعة افكار اعتقدت ان لها قيمة خاصة في هذا المجال ولكنها كانت مترددة في البوح بها لمديرها لانها كانت تخشى ـ مما قد يتكون لديه من افكار عنها، فافصحت لاثنين من الموظفين حول هذه الافكار احدها استحسنها والأخر راي ببساطة انها لا تناسب الموقف فهذه الافكار ضد آراء المدير في تخفيض حجم العاملين واستناداً الى ما سمعته من ردود افعال قررت التخلي عن تلك الأفكار والاكتفاء بعمل ما طلبه منها رئيسها وبعد ثلاثة أسابيع قدم أحد العاملين في نفس القسم فكرة مماثلة لفكرة (منى) فاستحسنها المدير. ولما اكتشفت ذلك اصيبت بالدهشة وخيبة الامل في نفسها اذ انها لم تستثمر طاقاتها في الاختيار الموضوعي ورجحت الجوانب العاطفية في اختيارها للحل.

عند محاولة حل المشكلات يتحتم علينا طرح جميع الأسئلة المتعلقة بالموضوع وعند الحصول على جميع الاجابات المتوفرة يكون الوصول الى الحل. ان تحليل المشكلة والتخطيط يتطلب التنفيذ، اذ يعرف بيتر دراكر الادارة بانها معرفة ما يجب عمله

وكيفية عمله ثم القيام بعمله. وعموما ان الخطوتين الاولى والثانية التحليل والتخطيط يصبحان دون جدوى بدون الخطوة الثالثة الفعل والتنفيذ ماذا يتطلب التنفيذ الجيد؟

ان دور القائد هو التأكد من ان الجميع يفهمون التعليمات (الخطط) ويقومون بتنفيذها بفاعلية.

مهمة (١٩) جماعية

ما هي الاجراءات التي تعتمد عليها الادارة في انجاح عملية تنفيذ الاهداف والخطط؟ حدد بنقاط.

ما هو دور التعليمات الصادرة من قبل الادارة في هذا الخصوص أي في انجاح عملية التنفيذ.

أوضح العلاقة بين تفويض الصلاحيات والتنفيذ

استقصاء تقييم الامكانيات والقدرات القيادية:

لكي نستطيع تقيم قدراتك القيادية، أجب على الفقرات التالية بوضع علامة على الاختيار الاقرب الى خبرتك فاذا كانت الاجابة بـ "أبدا" ضع العلامة على الرقم (١) اما اذا كانت دائما فضع العلامة على الرقم (٤)

الفقرات	الاوزان			
	ابدا (١)	احياناً (٢)	غالباً (٣)	دائماً (٤)
١. اتولى المبادرة في الاجتماعات لتوضيح الاهداف وجدول الاعمال.				
٢. اقوم بالتركيز بشدة على تحقيق النتائج المرجوة في المهام التي تم اسنادها لنا				
٣. أقوم بتقديم اقتراحات لافكار المستحدثة في الاجتماعات لمناقشتها				
٤. استطيع عقد الصداقات بسهولة والحصول على اتصالات كبيرة خارجية مفيدة				
٥. ابحث عن الحقيقة الموضوعية واقوم بابلاغها للاخرين حتى ولو لم يستحسن الباقون سماعها				
٦. احافظ على روابط الصداقة مع كل فرد من افراد الفريق.				
٧. تدفعني قدراتي الى الرغبة في تحمل المسؤولية				
٨. اتقبل النصيحة بدون التفرقة ما بين رؤسائي ومرؤوسيني				

الفقرات	الاوزان			
	ابدا (١)	احياناً (٢)	غالباً (٣)	دائماً (٤)
٩. أجد من السهل ان اعبر عن صداقتي الاصيلة واللصيقة للاخرين.				
١٠. أحب ان يعبر لي الافراد عن صداقتهم الاصيلة				
١١. استطيع العمل بسهولة مع كافة نوعيات الأفراد				
١٢. استقطع وقتاً مناسباً لاعادة شحن طاقاتي الذهنية كل اسبوع.				

لابد ان نفهم انه مهما كان جهدنا القيادي كبيرا فان هناك دائماً مجالاً للتحسين، لذا يلزم علينا أن نستكشف مواطن الضعف للتقليل منها، ولتقييم القدرة القيادية وفق هذا الاستقصاء فان النقاط من ١٢-٢٤ تشير الى امتلاك قليل من القدرات القيادية بحيث ان المدير يحتاج الى عمل الكثير لتحسينها. من ٢٥-٣٦ نقطة وجود قدرات قيادية متوسطة وان هنالك بعض المجالات التي تحتاج الى تحسين لابد من تشخيصها والعمل على تحسينها من ٣٧-٤٨ هذه النتيجة تعتبر مؤشرا على ارتفاع القدرات القيادية.

تنمية نقاط القوة والقضاء على نقاط الضعف

ان جميع الصفات المميزة التي تتطلبها عملية القيادة يمكن تطويرها بما في ذلك الدافع والطاقة. وتحقق الثقة بالنفس والتصميم الامكانية للقيام بالدور القيادي وتحقيق الأهداف.

فلا يمكن بلوغ الاهداف بدون ثقة في النفس ومواجهة المخاطر والتي لابد من حسابها بعناية مع تحديدها كتابة للتأكد من أنها في حدود المقبول وتكمن اولى خطوات النجاح في إزالة مواطن الضعف ومواجهة الاخطاء الذاتية مما يؤدي الى زيادة المقدرة القيادية وعلينا ان لا نتقبل أي مواطن ضعف على انه أمر لا نستطيع تصحيحه أو معالجته.

هنالك بعض القادة الذين لا يميلون الى الخوض في الشؤون المالية التي هي ذات اهمية كبيرة ويتوقف عليها وجود واستمرار المنظمة في مثل هذه الحالة لابد من الدخول في دورة تدريبية في هذا المجال اذ ان المعالجات والجوانب المالية ذات اهمية كبيرة للقائد الاداري شأنها شأن المجالات الاخرى.

من الممكن بناء نقاط القوة والقضاء على نقاط الضعف وفق الاساليب والوسائل التالية اذ ان كل مجال من المجالات التي تحتاج الى تطويرها تتطلب وسائل محددة والشكل التالي يوضح ذلك

شكل (٢٣) بناء نقاط القوة

نقاط القوة	كيفية تنميتها
١. الدوافع والقدرة: القدرة على بذل اقصى جهد ذهني وبدني للوصول الى الاهداف والاستمرار في ذلك حتى بلوغها.	المحافظة على اللياقة البدنية من خلال الالتحاق بمعهد رياضي او ممارسة رياضة تنافسية العمل باستمرار من خلال قائمة مهام والوثوق من انهائها
٢. الثقة بالنفس: الايمان بالمقدرة على تنفيذ المهام الموكلة والقدرة على تنفيذ أي مهام اضافية لتحقيق رضا الزبون.	التخطيط المهني من خلال الانضمام في برنامج رسمي بناء رؤية مشتركة مع العاملين مراجعة الرؤية وتعديلها حسب المواقف.
٣. ادارة الاموال: معرفة كيفية قراءة قوائم الموازنة ومحددات الميزانية والحسابات الادارية وتتبع المسارات المؤدية الى تعظيم الارباح.	الحصول على تدريب جيد في الأسس المالية والالتحاق ببرنامج تدريبي اذا لزم الأمر. العمل على تتبع النتائج المالية الناجمة عن التخطيط.
٤. ادارة الموارد البشرية: تفهم كيفية استخلاص النتائج والحصول على افضل قدرات من الافراد وتشجيعهم على استخدام امكانياتهم.	التساؤل عن التغذية المرجعة من الرؤساء والزملاء والمرؤوسين وحتى من الزبائن. النظر الى المواقف من مصادر متعددة ومن خلال رأي الآخرين.

نقاط القوة	كيفية تنميتها
٥. تحديد الاهداف وترتيبها معرفة كيفية تحديد اهداف عليا تكفي لتحفيز الجهود العالية.	تحديد المنظمات المشاركة في نفس المجال (المنظمات الرائدة) ومعرفة التحسينات التي يمكن القيام بها. وضع قائمة بالاهداف وتقييمها باستمرار
٦. الادارة والتصميم اليقين بان مصير الادارة ومصير أعمال الشركة في يد قيادة الشركة وليس في يد الاخرين من القوى الخارجية.	وضع اهداف طويلة المدى لتطوير الذات والمؤسسة تدوين الاهداف كتابة ووضع الخطط لأساليب التطبيق والتنفيذ.
٧. التقييم الذاتي: المقدرة على اعتبار الاخطاء والاخفاق والتعلم منها، بالاضافة لتحليل الدروس المستفادة من النجاح	القيام بانتظام بممارسة التقييم الا من القرارات والاجراءات الحديثة. وضع المخططات اللازمة لتصحيح المسار وفقاً لمواقع الضعف والقصور
٨. التنافسية: تبني ادارة الانتصار واعتبار الهزيمة تحدياً وليس نكبة على ان يصحب ذلك تروى للوصول الى المستويات العليا.	انتهاز كل فرصة متاحة لدراسة حالات النجاح وتحليله سواء على مستوى المؤسسات أو الأفراد. تبني كل الوسائل الفنية واستخدام نوعية الخدمات التي ادت الى نجاح المؤسسات الاخرى والافراد في تلك المؤسسات.

تبقى مسألة مهمة بصدد المسؤولية والقوة وهي انه مهما امتلك القائد من قوة لا يمكنه تحقيق النجاح المطلوب بدون الاخرين فعليه أن يضمن رضا وتفاعل الاخرين معه من خلال ما يوفره

لهـم مـن دعـم واسناد ومـا يفوض مـن صلاحيات لتسهيل
انجازهم لمسؤولياتهم ومـا يوفر لهـم من اسناد ودعـم مـادي. اذ
ان جعـل المـوظفين مسـؤولين عـن مهمة مـا دون تخـويلهم
الصلاحية اللازمة لتحقيق هـذه المهمة يفرض عليهم في واقع
الأمر الفشل.

مهمة (٢٠) جماعية

كقائد اداري هنالـك ظـروف تمنعـك مـن تفـويض
الصلاحيات؟ مـا هـي؟ وكيف يمكنك الاعتماد علـى التفويض
وزيادة فعاليته؟ مـا هـي اساليب زيادة فاعلية التفويض ومـا هـي
نتائج التفويض الجيد.

التطور الشخصي والمهني

مـن سـمات الشخصيـة الايجابيـة والـروح المهنيـة ان
يرتقى المرء بادائه الى مستوى التزاماتـه، اذ ان افضل المـوظفين
هم الذين يثابرون على القيام بعمل مـا يعدون بعملـه ونفس
الشيء يقال عن المدراء، ان اكمـال العمـل يثيـر في النـاس الثقـة
بقادتهم وانه ايضا يشكل عنصر الهام لهم ونموذج يقتدى بـه.

يتطلب التطوير الشخصي والمهني التواصل مـع المهـام
وعدم تشتت الجهود مـع ضرورة المواصلة في اكتسـاب المعرفـة
والتعلم ولكي يصل المـدير الى اقصى ـ فاعليـة لابـد مـن تنظيم
المعرفة ضمن محاور زمنية ثلاثة الماضي والحاضر والمسـتقبل أي
ان نعتمد مثال البناء اذ ان الماضي هو الاساس الذي نبني فوقه
والحاضـر هـو العمـل الفعـلي. ان كـل ذلـك يتطلب معرفـة
مكوناتك ومهاراتك كمدير حالياً ومكونات المنظمة التي تعمل

فيها وما هي المتغيرات والظروف البيئية التي يعيش فيها ومن هم المنافسون لك؟ وكيف يؤثر عليك الوضع الاقتصادي، كما وانه لابد ان تحدد ماذا تريد وكيف تصل الى ما تريد وما هي المتطلبات التي تحتاجها للوصول الى ما تريد ان تصل اليه مستقبلا. ان القائد الفاعل والشخص الفاعل يبدأ بالنظرة المستقبلية وتنمية التطلعات المستقبلية في كل مستوى.

ان خلق الافراد ذوي الرؤية المستقبلية يتطلب برنامج للتطوير المهني من قبل الادارة هذا البرنامج يؤدي الى:

١- تطوير المعرفة بالجوانب المهنية والوظيفية والمسار المهني.

٢- ادارة التوتر والقلق الناجم عن النقص في المعلومات والمعرفة حول المستقبل المهني لدى الافراد العاملين.

٣- ايجاد الموازنة بين المتطلبات العائلية والاجتماعية للعاملين وبين المتطلبات المهنية.

٤- مواكبة التغيرات التكنولوجية المتسارعة والتقليل من التقادم الذي يعكس انخفاض كفاءة العاملين بسبب النقص في المعرفة باجراءات العمل وكذلك المعرفة بالتقنيات الجديدة.

٥- تحديد المهارات والميول المهنية بشكل مسبق بهدف توجيه العاملين الى تلك الوظائف المناسبة لميولهم.

ان الادارة المتفوقة تتطلب التطور المهني، اذ ان على المدراء مثلاً حضور الحلقات الدراسية وورشات العمل من اجل تحديث كفاءتهم وكذلك الحال بالنسبة للمحاسبين والمدرسين والمحامين والاداري في امس الحاجة الى التطوير المهني. ان

برامج التطوير المهني ليست برامج ترقية وانما برامج تهدف الى الحصول على مهارات ادارية أعلى والحفاظ عليها مدى الحياة فالتغير المستمر في البيئة وفي الممارسات الادارية يتطلب التواصل في تحديث المعرفة لا من اجل النجاح المستقبلي فقط بل من أجل البقاء كمدير.

يتطلب التطور الشخصي- والمهني للافراد خطوات اساسية من أهمها ما يلي:

١- الادراك والوعي للمتغيرات المنظورة منها وغير المنظورة أي ضرورة مراعاة ما يدور حولك في نفس الوقت الذي تستمع فيه الى ما يقال. ففي بيئة العمل لابد من مراقبة الطريقة الناجحة التي يتصرف بها الاخرون اثناء الاجتماعات مع الادارة العليا ومع المدير وعن طريق الانتباه الى طريقة تقديم الموظفين الناجحين لافكارهم أو تعاملهم مع القرارات التي لا يتفقون معها أو عرض المشكلات. من الممكن التقاط وفهم بعض التلميحات القيمة والمفيدة عن تكيتكاتهم الاكثر تأثيراً. ان مراقبة أمزجة الناس يساعد في اعطائك تلميحات في توقيت الطلب فاذا كنت تطلب أمراً مستعجلاً بامكانك الانتظار لحين ظهور موقف اكثر ملائمة. على سبيل المثال حاول أحد المحاسبين الاتصال باحد الزبائن حول عدم تسديد فاتورته وصادف طلب المحاسب ذلك مع انزعاج مديرة تلك الشركة وهي تشكو تباطؤ السوق واستعدادها لاعلان الافلاس فما كان من

المحاسب الا ان اجل عرض موضوع الفاتورة غير المسددة عليها.

٢- البحث عن المعلومات من مصادرها الاصلية: ان البحث عن المعلومات من المصادر الاساسية يساعد في الكشف عن الغموض او المواقف التي قد تكون مشوشة وغير واضحة. ان التطور الشخصي والمهني يكون اكثر دقة وصدقاً اذا ما اعتمد الشخص على معلومات صادقة تتعلق بمتطلبات عمله ومؤسسته.

٣- استخدام المعلومات التي تحصل عليها حديثاً لوضع استراتيجية للتحرك المستقبلي مع اعادة التقييم لهذه المعلومات على ضوء المتغيرات البيئية والحاجة الى بعضها.

٤- تقوية العلاقات بينك وبين الاخرين والعمل بفعالية اكثر معهم عن طريق الاستماع الى التوقعات غير المنطوقة من سلوكياتهم واعطائها الاهتمام الكامل لغرض التأكد منها والوصول اليها بوضوح وكذلك استثمار الطاقات لتأسيس مجموعة من التوقعات المتوافقة.

٥- الانفتاح على الاخرين وتقبل النقد وفي هذه الحالة لابد ان تتوقف عن التفكير في الامور التالية الخاصة بالانتقاد.

أ. توقف عن التفكير بان النقد شيء سيء

ب. توقف عن التفكير بانك تستطيع تجنب هذا

جـ توقف عن الاعتقاد بانك تفقد كل جوانب السيطرة حينما تتعرض للنقد.

د. توقف عن توقع البلاغة في التعبير لدى الناقدين فمعظمهم لم يسبق له ان تلقى تدريباً رسميا على البلاغة في توجيه النقد ومن المحتمل ان يكون توجيه النقد من جانبهم خطأ.

ان اهم الامور هو النظر الى النقد كمعلومات ربما يكون فيها فوائد كثيرة وان مهمتك فحص تلك المعلومات والاهتمام بما يقال وتأكد من امتلاك معلومات كافية وذات نوعية جيدة وايدأ استخدام السيطرة كشخص مستقبل للانتقاد لتقوم بما يلي:

أ. طرح اسئلة لضمان معرفتك بالاجراءات المحددة المرغوب في عملها من وجهة نظر الناقد.

ب. طرح اسئلة للتأكد من وضوح النوايا المقصودة من النقد.

جـ طرح اسئلة لمعرفة القيمة التي تطمح في كسبها عن طريق اتخاذ الاجراءات اللازمة.

وكذلك لابد من الاستماع لتفهم التغير بدلا من الاستماع من اجل المجادلة وإصدار الاحكام ولابد من معرفة بان السبيل الاسهل يتمثل في التراجع وفي التزام الصمت التام.

٦- مواصلة التركيز: يتضمن مواصلة التركيز في محتواه معنى المحاولة المتواصلة التي لا نهاية لها للتحسين والتطوير.

ان هذا الموضوع يستحق الاهتمام بدرجة اكبر ولذلك سنفرد له عنواناً رئيسياً للاحاطة به. ان اغلب المديرين التنفيذيين الناجحين لم ولن يتوقفوا ليقولوا وصلنا الى الهدف والان نترك

المجال لغيرنا. انهم مستمرين في العطاء الى اخر لحظة في حياتهم.

مواصلة التركيز من قبل المديرين

يعد مواصلة التركيز نوعاً من التحدي بسبب التغير المتسارع في البيئة فالاولويات تتغير باستمرار ولابد من الاستعداد للتغير معها.

الكثير من المديرين يعدلون اولوياتهم ويعيدوا النظر فيها وفق توقعاتهم وقد يتحسس ويحدس بعض المديرين المتفوقين بالمتغيرات البيئية بدرجة اكبر من غيرهم ويستوعبوا المواقف ولذلك فانهم يستطيعوا فهم الطريقة التي يستطيعوا فيها التركيز.

ان التعامل مع الاوليات المتغيرة التي تنشأ بفعل الآخرين في موقع العمل تجعل مواصلة التركيز مهمة صعبة فالافراد بشكل عام يتبنون تصور واحد او تصورين للاستجابة للاولويات المتغيرة. يشتمل التصور الأول منها على تبنى رؤية مصغرة لاعمالهم وادوارهم ضمن المنظمة والموظفون الذين يعتمدون في تفكيرهم على تبني الصورة المصغرة للموقف يصعب عليهم تغيير سرعة الاداء لديهم حينما تتغير الاولويات وهم يستخدمون عدداً من البنود التي قاموا بوضعها كمعيار لتحديد مستوى ادائهم ولذلك فان مستوى الاحباط يبلغ ذروته لديهم حينما يتحول بند ذو اولوية عالية مضى- على انهماكهم في ادائه مدة من طويلة الى موضوع عادي بصورة مفاجئة، اذ يعتقدوا انهم اهدروا اليوم برمته في هذا المشرع وذهب هدراً

ولذلك قد يفقد هؤلاء الموظفون الثقة بانفسهم واداتهم لاعتقادهم بأنهم لا يستطيعوا اتخاذ القرارات المستقرة والثابتة.

اما التصور الثاني للاستجابة للاولويات فيتبنى الصورة المكبرة للموقف وفي هذه الحالة فان الموظفين ينظرون الى الاولويات المتغيرة كمحاولة من الادارة لاستخدام الموارد بطريقة حكيمة فعندما تمتلك المنظمة موارد محدودة فان استعدادها للانسحاب من موقف معين واستثمار طاقات موظفيها في مجال تستطيع من خلاله تحقيق اداء اعلى يعتبر توجهاً سليماً يصب في مصلحة المنظمة ان الرؤية المكبرة للموقف توضح للموظفين بان الاولويات المتغيرة أمر محتوم ونتيجة طبيعية في بيئة تسير عجلة التقدم فيها بخطى سريعة ولا يمكن التنبؤ بما يكتنفها.

يقول أحد مديري برامج المبيعات الموفقين لدى شركة هيوليت باكارد في اتلانتا: "الحقيقة المرة تكمن في التعامل مع الحقيقة التالية الا وهي انك لا تستطيع ان تنجز كل شيء في يوم واحد. لقد تعلمت عبر السنين انني كنت اواصل محاولة الفصل بين الحياة العملية والاجتماعية، وجدت انهما في واقع الحياة مندمجتان.

وهذا القول يؤكد كثرة وتزاحم الاشياء المطلوب عملها في اليوم الواحد مقرونة بافكار متعددة يتيح الفرصة لتشتت التركيز الذي قد يؤدي الى عدم الاستماع الى الاخرين وهذا يشكل مشكلة لابد من تجاوزها من قبل المديرين فلا بد ان تتنبه

وتهتم بسرعة بما تسمع من الاخرين لكي نستطيع التفاعل وحل المشكلات.

ان التركيز المتواصل يمكن المديرين في بذل اقصى جهودهم ان المقصود بالجهود القصوى المعادلة التالية:

الجهود القصوى = مقدار الطاقة المبذولة + ان تكون في احسن احوالك + ان تظل في احسن احوالك

ان الجهود القصوى أو غاية الجهد تعني بان العمل يؤدي على الوجه الامثل في موقف معين. ويعتمد مقدار الطاقة التي تبذلها في اليوم الواحد على الظروف، فقد يتطلب منك استثمار الحد الادنى من الطاقات في يوم وقد تستثمر اقصى الجهود في يوم آخر. وفي عالمنا المعاصر وفي ظل التغير المتسارع فان الطاقة التي يبذلها المدير والعاملون للانتقال من مهمة لاخرى ومن هدف لآخر طاقات قصوى أي انك تستخدم كل دقيقة من الوقت بحكمة ويستلزم بقاؤك في احسن احوالك تطوير وعيك وادراكك لذاتك واستخدام المهارات لتحافظ على ادائك الأمثل. كما وأنه لابد من ان تمتلك مجموعة من المهارات للسيطرة على المواقف الصعبة والنهوض من العثرات من خلال مواجهة المواقف الصعبة باصرار.

مهمة (٢١) فردية

حدد كيف يمكنك مواصلة التركيز وتقديم الجهود القصوى في كل موقف من المواقف التالية:

١- ما مدى فعالية استعدادك للبقاء هادئاً اثناء الموقف التالي:

تذهب الى مديرك الاعلى ولديك فكرة تثير اهتمامه وقبل ان تتمكن من الانتهاء من شرح تلك الفكرة يقاطعك المدير رافضاً الفكرة.

غير فعال					فعال للغاية	
١	٢	٣	٤	٥	٦	٧

٢- ما مدى فعالية استعدادك للتفكير قبل ان تتكلم

غير فعال					فعال للغاية	
١	٢	٣	٤	٥	٦	٧

٣- ما مدى فعالية استعدادك لصرف الذهن عن الموقف السلبي التالي:

اكتشفت ان العمل مع زميلك أحمد في دائرة اخرى ضمن المنظمة صعب للغاية لانه أي احمد يتأخر دائما في تسليم العمل المطلوب منه وفي النهاية قمت بمفاتحته حول هذا الموضوع واوضحت له بانك لا يمكن ان تتواصل بالعمل معه.. استمع اليك احمد بكل ادب واحترام ولم يجادلك في ذلك وانتهت المحادثة بالاتفاق على ان يقوم احمد بابلاغك في اسرع وقت ممكن عن امكانية تأخر أو عدم تأخر المشروع الذي بين يديه ورغم ذلك ظلت الشكوك تساورك.

بعد ثلاثة أيام استلمت مشروعاً متأخراً عن موعده، استشاط غضبك لتصورك بان احمد لم يلتزم باتفاقه ولم يخبرك مسبقاً عن هذا المشروع.. قمت بالاتصال فورا باحمد وانهلت عليه بالنقد

الجارج على انه شخص غير معتمد عليه وانه متهاون وانه لا يصلح لمهمته وغيرها؟

وبعد ان انهيت وافرغت ما في نفسك من غضب رأيت بين كومة الاوراق على مكتبك رسالة من احمد يبلغك بالمشروع المتأخر، اذ كان قد اتصل فعلا ولكن صوت آلة الرد الآلي لديك كان منخفضاً مما استدعى ان يترك لك ملاحظة على مكتبك. لقد استنزف منك هذا الموقف التفكير بانك قد عاملت احمد بطريقة غير عادلة دون السماح له بشرح موقفه.

١	٢	٣	٤	٥	٦	٧
	غير فعال				فعال للغاية	

٤- ما مدى فعالية استعدادك للمحافظة على ثقتك بنفسك حينما تكون في مواجهة الموقف التالي الذي ينطوي على تحدي لقدراتك ولذاتك.

بصفتك مدير مبيعات قابلت مديرك للبحث معه في مشكلة تتعلق بمدير الانتاج غير المتعاون معك في الشركة التي تعمل فيها واذا بالمدير بعد ان رفض كل ما تكلمت واقترحت عليه من اجراءات لزيادة التعاون وحل المشكلة يقرر عزلك من موقعك كمدير انتاج وإحلال بديل عنك من خارج المنظمة.

١	٢	٣	٤	٥	٦	٧
	غير فعال				فعال للغاية	

٥- ما مدى فعالية استعدادك للتعامل مع الناس المرعبين

غير فعال   فعال للغاية

١	٢	٣	٤	٥	٦	٧

٦- ما مدى فعالية استعدادك لترك مشكلات العمل في موقع العمل

غير فعال   فعال للغاية

١	٢	٣	٤	٥	٦	٧

ان التوتر او الانزعاج يؤدي الى النقص في التركيز وتزعزع في العمليات الفكرية، وقد تكون هناك سلوكيات ذات نتائج وخيمة ولذلك فلابد للمدير من تدريب ذاته على كيفية التعامل مع المواقف المتوفرة او التي تثير مشاعر الغضب لئلا يفقدوا الكثير من جهودهم ووقتهم وتركيزهم وهناك من يؤكد بان افضل طريقة للمحافظة على رباطة الجأش والتزام الهدوء والروية هي عملية الشهيق أي اخذ نفساً عميقاً من خلال انفك واقبض انفاسك لمدة ثانية أو ثانيتين ثم اطلق الهواء (عملية الزفير) ببطء شديد من خلال انفك ايضا مع الاسترخاء لكامل جسمك. ان هذا الاسلوب لمواجهة حالة قلة الاوكسجين في الدماغ بسبب الانزعاج.

ومن الامور المهمة عند مواجهة أي موقف وبضمنه المواقف الانفعالية هي التفكير قبل أي كلام ومن الممكن الالتزام بالخطوات الثلاث التالية:

١. المحافظة على البقاء صامتاً وذلك باطباق الشفة باحكام وبذلك نتفادى قول أي شيء تقدم عليه في وقت لاحق.

٢. التنفس: بينما تبقى فمك مقفلاً مارس المهمة السريعة التنفس والزفير البطيء من خلال الانف واطرح على نفسك الاسئلة التالية: هل استمعت للمتحدث؟ هل سمعت الكلمات التي قيلت وما كان المتحدث يحاول نقله الي؟ هل كنت استمع الى التوقعات غير الواضحة؟ ماذا اريد في هذه اللحظة بالذات؟ فقد يكون ما تريده احياناً يتعلق فقط بحماية غرورك الشخصي وربما تتعامل فجأة مع موقف مختلف عن موضوع المناقشة.

٣. التحدث بمرونة حينما يتاح لك الحديث تكلم ببطء وبصوت هادئ، اذ ان بطء الحديث وانخفاض حدة الصوت يساعد على المحافظة على وضع العواطف تحت المراقبة.

كما وانه من الضروري صرف الذهن عن المواقف السلبية فمن الضروري استبعاد الماضي والتركيز على الحاضر ولذلك واحدة من الوصايا الاساسية التي تساعد في صرف الذهن عن مثل هذه المواقف استخدام الورقة والقلم لكتابة الموقف السلبي ومن ثم اطوي الورقة وإرمها في سلة المهملات.

ولتجنب التعرض للرعب فمن الممكن استخدام المهمة السريعة وهي النظر فيما بين العينين لمساعدتك في استعادة تركيزك حيث يمكن توجيه النظر الى الشخص عند الحديث معه مباشرة مع محاولة عدم اشعاره بانك تحملق في عينيه وهذا

يساعد في الحصول على بعض الوقت لاستعادة الهدوء وحينما يأتي الرعب من موظف لديك يعاني من احباط ويبدأ بتفريغ ما يعانيه فبدلاً من ان تبدأ وتقاطعه بكلمات وعبارات مثل انت لا تملك الحق في التحدث ففي هذه الطريقة كيف تجرؤ على ذلك؟ ستنال عقابك؟ يمكنك ان تقول له بنغمة متسائلة (من فضلك هل تتفضل باعادة ما قلت) سترى عند ذاك ان اسلوب وكلمات هذا الموظف بدأت تتغير ايجابيا، وهذا يجنبك الكثير من المشاكل التي تستنزف وقتك وجهدك وتقلل من تركيزك.

كما ويعني التركيز بهدف الحفاظ على الطاقة ترك مشكلات العمل في موقع العمل، اذ ان هناك عوامل مساعدة لتحقيق ذلك من أهمها الاندماج وبشكل غير اعتيادي مع افراد اسرتك اما في نشاط داخلي أو في سفرة خارجية من كل ذلك يتضح بان التركيز يتطلب منك تقييم ما اذا كنت في احسن احوالك أم لا وابدأ باستخدام الاساليب المناسبة لجعلك في احسن الاحوال.

التميز والجودة

تتطلب القيادة الفاعلة مهارات تميزها عن الآخرين ولكي نخلق قادة متميزين لابد من دراسة الجوانب الثلاث التالية المتضمنة الجوانب الاساسية لاعداد وتهيئة عناصر القيادة المتميزة:

١- التعلم من الآخرين ٢- اكتساب الخبرات

٣- اتقان الادوار

التعلم من الاخرين

القائد الفعال هو الذي يقيم ادائه ويبحث عن الطرق التي تنمي مهارته وتطورها ومن الممكن التعلم من خلال ملاحظة الاخرين الذين يتضح لنا ان سلوكهم يحقق النتائج المرجوة ومن الممكن ان يعتمد المديرين على استشاريين بشكل مباشر وغير مباشر لتعليمهم بعض المهام الاساسية في قيادتهم وادارتهم لمنظماتهم. كما وان برامج التطوير الاداري تكسب الاداريين المعارف والمهارات الادارية الضرورية ويستطيع القائد الاستفادة من التدريب المنهجي من حين لاخر حتى وان كانت له سنوات طويلة في العمل الاداري نظراً للتغير التكنولوجي والبيئي فالتدريب يزود المدير برؤية متجددة ويزيل التقادم الاداري من خلال ملاحقة الاتجاهات الحديثة السائدة وصقل المهارات الذاتية.

وكما اشرنا انه بالامكان التعلم من ذوي المعرفة والخبرة سواء من الزملاء او من الاستشاريين والمتخصصين. ان هناك العديد من البرامج التدريبية بعضها تهدف الى اكساب القادة الاداريين المهارات التحليلية والتفكيرية اللازمة لصنع القرارات الادارية بكفاءة ومن أهمها البرامج التي تركز على دراسة الحالات والمنافسات الادارية والبريد الوارد والبعض الاخر تركز على تنمية مهارات العلاقات الانسانية مثل طريقة لعب الادوار وتدريب الحساسية وطريقة بناء الفريق والبعض الاخر لتنمية مهارات العمل الاداري من تخطيط الى تنظيم ورقابة ومن

أهم طرق تنمية مهارات العمل الاداري طريقة التدريب في موقع العمل وطريقة المهمات الاختبارية.

اكتساب الخبرات

كان من المعتاد سابقا ان نعتمد الترقية الى المراكز القيادية على ارتقاء السلم الوظيفي للشركة، أما الان فيزداد القيام باعمال حيوية من قبل فرق عمل مؤقتة تعمل في إطار مشروعات محددة، مما يتيح الفرصة لتعلم المهارات القيادية دون الانتظار الطويل للدور في السلم الوظيفي. ولذلك فان الانضمام في العمل مع الفريق لزيادة المعارف وتعلم المهارات الجديدة واحدة من أهم الوسائل التي تعتمد عليها المنظمات المعاصرة في اكتساب الخبرات والمهارات واثراء العمل والاداء.

اذ عادة يتم تشكيل فريق عمل لتنفيذ مشروعات من خلال المؤسسة القائمة، وقد يكتسب مثل هذا الفريق صفة الدوام بعد انتهاء المشروع ويكون له استقلاله عن السلم الوظيفي وكلما زاد الوقت المستغرق للمشروع كلما زاد احتمال ان تتبدل عضوية الفريق ودور كل فرد في المشروع ومعنى ذلك انه بامكان الفرد ان ينضم الى المشروع كمرؤوس ولكن من الممكن ان يجد دوراً قيادياً وكلما زاد حجم الفريق واتسعت آفاقه، كلما زادت الفرصة لتبديل الادوار والترقية داخل الفريق، ولعل اكتساب الخبرة في مشروعات يقودها أفراد مختلفون يمنحنا فرصة لا تعوض في تعلم طريقة قيادة المشروع. اذ يزود العمل مع فريق المشروع

بكافة الخبرات اللازمة لتسيير الفريق ولابد من المبادرة والاستفادة القصوى من أي فرص متاحة.

ان تبادل راية القيادة في أي مشروع في المراحل المختلفة يؤدي الى انتقال الافراد بين الاقسام المختلفة فقد ينتقل الافراد من قسم التصميم الى قسم الانتاج ثم الى قسم التسويق ويقوم كل منهم بتسليم عصا القيادة لمن يخلفه وهذا بحد ذاته يمنح الفرصة لتعلم دروساً هامة عن اسلوب التنظيم والتعاون ما بين المهام والاقسام المختلفة من المالية الى المبيعات وفي الهندسة الى المشتريات وعلى الرغم من انتقال عصا القيادة بين مختلف الايدي يظل كل فرد من افراد الطاقم قائماً بعمله كجزء من فريق متناسق في جميع الاوقات، ولذلك فان المقدرة على تحقيق المرونة وفهم اسلوب عمل الاقسام المختلفة من أهم العناصر في القيادة.

ان توسيع دائرة المعرفة لدى القائد الاداري يتطلب منه استخدام خبرته في فرق المشروعات متعددة الانظمة ويعتقد الياباتيون مثلا انه من الممكن لكل مدير ان يصبح رجل اعمال قدير وبوسع مثل هذا المدير ان يقود بنجاح أي نوعية من الاعمال وبذلك يمكن نقل رئيس من قسم الافراد بسهولة الى المبيعات او ان يصبح خبيراً مالياً في التسويق وفي جميع هذه المواقع لابد من فهم مبادئ الاعمال والدور الذي تلعبه كل مهارة من المهارات في تحقيق المبيعات والارباح.

ان فرق العمل تؤدي الى اكساب المهارات المتنوعة والمقدرة اضافة الى مهارات الاتصالات الفعالة وبذلك يتحقق التميز في الاداء والمخطط التالي يوضح اهم المهارات التي تكتسبها من خلال فرق العمل

شكل (٢٤) المهارات المكتسبة من خلال فريق العمل او المشروع

كيفية مباشرة العمل

كيفية توصيل الاهداف للاخرين

من اين تحصل على الموارد؟

الطريقة المثلى لاستخدام الموارد

اسلوب التعاون مع باقي الاقسام

كيفية التفاوض

كيفية مراقبة الاداء

كيفية مواجهة المشكلات

كيفية انجاز اهداف المشروع

اتقان الادوار

مـن المعـروف ان القيـادة مهمـة متعـددة الابعـاد
وتسـتلزم معرفـة وتفهـم الكثير مـن الاحتياجـات المؤسسية
ولذلك على القائد ان يتقن مختلف الادوار المطلوبة للتعامل
مـع مختلـف الافـراد في مختلـف الظـروف بمهـارة
وفعالية.

يختلف دور القائد عن دور المدير فبينما ينبغي على
المدير ان يركز على تطبيق مهام محددة يتعين على القائد ان
يتصرف كربان كبير له توجهـات تخطيطيـة واسـتراتيجية أعـم
واشمل اذ يقوم بتنظيم العمل ويمتلك كافة المواهب القيادية
لاداء الكثير من الادوار.

ومـن بـين أهـم الادوار القياديـة هـو دوره في التنظيم
والادارة بحيث يـؤدي هـذا الـدور بابـداع مـن خـلال تنظيم
الجماعـات بحيـث يـؤدي هـذا التنظيم الى انسـيابية العمـل
وكفاءته ويقلل الوقت الضائع الى ادنى مستوى ممكن والبحث
عن الوسائل الفعالة لتقليل الاعمال الكتابية والاتصال المباشر
وخلق التعاون بين الاقسام.

كـما وان مـن أهـم الادوار القياديـة هـي الـدور
الاستراتيجي فبناء الرؤية المشتركة بينه وبين اعضاء الفريق يعد
الخطوة الاساسية والاولى في البناء الاستراتيجي وتحديد رسالة
المنظمة في الامد الطويل تتطلب درايـة ومعرفة بالمتغيرات
البيئيـة الخارجيـة بدرجـة اساسـية والتطلـع بالاحتياجـات
والمشكلات

الداخلية لتحديد نقاط القوة والضعف وادخال التعديلات كلما تطلب الموقف ذلك وضمن الدور الاستراتيجي ولذلك تبرز اهمية التغير، فالقائد الفعال يشجع التغيير ويعتبره حيوياً لنجاح المنظمة في المستقبل. فالتغير يساهم في خلق الفرص المناسبة امام العاملين لاثراء مستقبلهم الوظيفي والشخصي كما أنه الوسيلة المهمة لمواجهة التحديات المختلفة والوقوف بوجهها فالقيادة التي تبحث ليس فقط عن التكيف للبيئة وانما تبحث عن التغير الذي يحبذه الزبائن قيادة متميزة تحقق للمنظمة ميزة على المنافسين وهذه القيادة تدعم التفكير الابداعي والمبادرات وتوليد الافكار الجديدة من خلال اشراك العاملين في تخطيط وتنفيذ برامج التغيير وسبق ان اشرنا في الكثير من المجالات بان القيادة الفعالة هي القيادة التي تركز على الافراد والعلاقات الانسانية، فالدعم والاسناد الذي تقدمه لجميع العاملين في المنظمة وبناء مناخ تنظيمي منفتح يؤدي الى نجاح القيادة وتحقيقها الاهداف باقل الكلف.

والشكل التالي يوضح أهم الادوار القيادية وكيفية تنفيذها

شكل (٢٥) الادوار القيادية واساليب تنفيذها

الادوار القيادية	اساليب تحقيقها
الخبير: يمتلك فهما عميقا في مجال عمله وادارته	الوصول الى اقصى اداء من خلال المثابرة والمعرفة المكتسبة في حقل التخصص متابعة التطورات التكنولوجية
المنظم: التأكيد على انسيابية العمليات في الوحدات والاقسام والتنسيق بينها	التقليل من الاعمال الكتابية تحديد الأنظمة والقيم والقواعد اللازمة لضمان السيطرة والرقابة على النشاطات
رجل العلاقات الانسانية: همه وتركيزه الاول تلبية احتياجات العاملين وتطويرهم	ان نجاح القائد ينبع من نجاح العاملين وقدراتهم / إشراكهم في تحمل المسؤولية خلق مناخ تنظيمي منفتح
المخطط الاستراتيجي: الرؤية المستقبلية طويلة الامد	دراسة البيئة الخارجية والداخلية وتحديد رسالة المنظمة على ضوء الفرص والتهديدات ونقاط القوة والضعف
وكيل تغيير: يستخدم التغيير كمفتاح للتطوير والتقدم	التركيز على المبادرات والنشاطات الجديدة. قيادة التغيير وتشجيع توليد الافكار

ان مفتاح التميز هو حفز الاخرين من خلال الدعم والاسناد لهم واشباع حاجاتهم وكذلك تنمية التطلعات المستقبلية لهم. اذ ان خلق الافراد ذوي الرؤية المستقبلية كما سبق ان ذكرنا له اهميته في تميز المنظمة، ان تشكيل الرؤية المستقبلية

بدعم الامكانيات والقابليات الفكرية والابداعية لـدى العـاملين. ولذلك سنتناول في الفقرات القادمة موضـوع الابتكار والابـداع ودورهما في تحقيق المزايا التنافسية للمنظمة.

منظمات التعلم والإبداع

تعد منظمات التعلم المكان الـذي يوسـع فيـه الافـراد قدراتهم لابتكار النتائج التي يرغبون بها وتوسع نمـاذج التفكير وتحرر الدوافع الجماعية فهي المكان الـذي يـتعلم فيـه الأفراد كيفية التعلم بصورة مشتركة.

تعزى أهمية منظمات التعلم الى التغيير في الحياة وكل ما يحيط بالمنظمة سواء الأفراد أو التكنولوجيا فمنذ زمن طويل كانـت الجهـود لبنـاء المـنظمات التعليميـة أشـبه بـالتجميع في الظلام، لحين أصبحت المهارات ومناطق المعرفـة وطـرق تطوير مثل هذه المنظمات معروفة للجميـع وذات أهميـة في تحقيق الابداع على مستوى الفرد وعلى مستوى المنظمات.

مبادئ أنظمة التعلم

١- أنظمة التفكير:

ان الغيـوم الممتـدة لمسـافات شاسـعة وظـلام السـماء وحركة والتواء الاغصان تعتبر مؤشرات لحصول الامطار كما وانه بعد العاصفة المطرية سوف ترتوي الارض لمسافات طويلة ومن ثم يتبع ذلك انجلاء ووضوح السماء. ان جميع هـذه الاحداث متباعدة في الوقت والمكان وانها مترابطة فيما بينها وكل واحـدة منها تؤثر على البقية، ان هذا التأثير قد لا يـبدو ظـاهرا للعيـان ولكن

من الممكن فهم نظام العاصفة المطرية وفق هذا النسق المتتابع من الاحداث المترابطة فيما بينها والمتواصلة والمتتابعة. ومثلما يحصل في نظام العاصفة المطرية يحصل في انظمة العمل والمنظمات رغم وجود فارق واضح بين كلا المثلين، ففي المثال العاصفة يتكون النظام الفكري للاحداث المتواترة وفق استقراء الظواهر الطبيعية، كما وان هذه الظواهر (العواصف والامطار) ملموسة وواضحة وتحصل في حيز زمني ضيق أو غير واسع.

وعكس ذلك فان انظمة العمل هي انسجة غير مرئية اذ يعتبر العمل والمساعي البشرية أنظمة، وهي ترتبط من خلال أنسجة غير مرئية لعمليات مرتبطة ارتباطا متداخلا والتي تستغرق عدة سنوات لتستنفذ تأثيراتها على احداها الاخرى. ولان المديرين جزء من هذا العمل، فانه يصعب رؤية النموذج الكامل للتغيير فبدلا من ذلك يركز المديرون على الأجزاء المعزولة للنظام. ونحن نتساءل لم لا يمكننا حل المشاكل العميقة بأنفسنا؟

لقد وجدت أنظمة التفكير لكي تكون الاطار الفكري والهيكل المعرفي والأدوات التي قد تطورت عبر السنوات الخمسين الماضية لجعل النماذج الكاملة اكثر وضوحا ولمساعدتنا للنظر في كيفية تغييرها باستمرار.

٢- الإتقان الشخصي:

قد يعني اكتساب السيطرة على الأفراد أو الأشياء، لكنه يمكن أن يعني أيضا مستوى خاص من البراعة، إذ يستطيع الافراد ذوو الاتقان العالي المستوى من تمييز النتائج التي لها

علاقة كبيرة بهم، فهم يبدأون حياتهم من خلال التزامهم بالتعلم مدى الحياة.

يعتبر الاتقان الشخصي ـ قاعدة التوضيح والتعمق المستمر لرؤيتنا الخاصة ولتركيز طاقاتنا وتطوير صبرنا ورؤيتنا للواقع بموضوعية. لذلك فان التزام وقدرة المنظمة للتعلم يمكن ان يكون اكبر من التزام وقدرات أفرادها. وتوجد علاقة بين التعلم الشخصي والتعلم التنظيمي في الالتزام التبادلي بين الفرد والمنظمة وفي الروحية الخاصة للمشروع الذي يقوم به المتعلمون.

٣- النماذج الفكرية:

تعتبر النماذج الفكرية افتراضات راسخة بعمق أو مبادئ عامة او حتى لوحات أو صور تعكس كيفية فهمنا للعالم وكيفية تصرفنا. وقد لا يكون لنا علم بهذه النماذج أو تأثيراتها على سلوكنا ان النماذج الفكرية لما قد يحدث أو لا يحدث لها أهمية في ترسيخ وتعميق الفلسفات والمبادئ.

تبدأ قاعدة العمل في النموذج الفكري من عكس الصورة الى الداخل وتعلم كيفية اكتشاف العالم الداخلي وتشمل أيضا القدرة على الاستمرار بالتعلم الموسع من خلال المحاورات التي تعتمد على المناقشات والدفاع عن الآراء حيث يعرض الأفراد أفكارهم الشخصية بصورة مؤثرة ويوسعون أفكارهم لتكون في متناول الجميع.

٤- بناء الرؤية المشتركة:

إن تكوين رؤية وفق الأهداف التنظيمية لا يمكن أن تكون مهمة فرد واحد سواء كان القائد الإداري أو أي فرد في المنظمة، بل انها مهمة أعضاء أو فريق العمل في المنظمة. فمن خلال تبادل الآراء والأفكار يمكن تحديد صورة المستقبل وبوضوح. ويمكن أن تستقى الرؤية المشتركة من القائد ذي القدرات الخارقة الذي بامكانه توقع الظروف والأزمات، إذ إن التفاف الأفراد حول القائد في أوقات الأزمات غالبا ما يعكس رؤية القائد، لكن هذه الرؤية الفردية قد تكون غير مجدية ما لم تكون تحت ظل الرؤية المشتركة، ليس في وقت الازمات فحسب وانما في جميع الاوقات.

٥- التعلم الجماعي:

يبدأ التعلم الجماعي مع المحاورة وقدرة أعضاء الفريق لارجاء الافتراضات والدخول الى تفكير مشترك. فمن خلال عمل الفريق نلاحظ بان الفريق يتفوق في تعلمه قياساً بتعلم كل فرد فيما لو تم تعلمهم بشكل فردي. فالفريق يقوم بتطوير قدرات مذهلة للعمل المنسق. ومما يثير الاهتمام هو أن أسلوب المحاورة قد استخدم في العديد من الحضارات البدائية، مثل الحضارة الأمريكية الهندية لكنها قد فقدت في المجتمعات المعاصرة. أما في الوقت الحاضر فان مبادئ وتطبيقات المحاورة قد اكتشفت ووضعت في سياق معاصر، كما هو الحال في فرق العمل

المختلفة وفي المشاركة في صناعة القرار والمشاركة في تحمل المسؤولية.

اذ يقود التعلم الجماعي الى الابتكارات الجديدة التي تعد من افضل التطبيقات في المنظمات الريادية والتي يمكن أن تستفيد منها منظمات أخرى عن طريق محاكاة هذه المنظمات الرائدة.

نستنتج من كل ذلك ان المبادئ الضرورية لمنظمة التعلم كما رأينا هو نظام التفكير الذي يبدأ برسم صورة عن المستقبل (الرؤية) ومن خلال الرؤية المشتركة يتم وضع أهداف مشتركة بين عموم الأفراد (فريق العمل) وهذه الأهداف غالبا ما تنبثق من العالم أو البيئة المحيطة بالمنظمة فهي ليست منفصلة عنها. أي ان الأهداف تتحدد بالمتغيرات والواقع الذي تعيشه المنظمة، وهي أيضا تؤثر بهذه المتغيرات وتحاول المنظمة من خلال أهدافها ان تغير العالم الخارجي.

ان واحدة من المفاهيم الأساسية التي تركز عليها منظمة التعلم هو مفهوم التحول الفكري إذ لا يحدث التغيير في التفكير إلا من خلال التعلم، أي اعادة خلق الذات وكذلك عمل الأشياء التي لا يمكننا عملها بدون اكتساب المعلومات والمعارف حول ما نعمل. والتعلم يعني أيضا توسيع القدرة على الخلق، فمنظمة التعلم التي نحتاجها هي تلك المنظمة التي يكون بمقدورها خلق مستقبلها، فهي لا تهدف إبقاء أو ادامة التعلم فحسب، وانما تكوين وتشكيل التعلم والأفكار الجديدة.

ان منظمة التعلم ووفق ما قدمنا من أفكار لا يمكن أن تستمر وتنمو ما لم تضع الأفكار المكتسبة موضع التطبيق وما لم تتم تجربة وتحرير الأفكار النظرية من خلال الواقع العملي. لذلك فان بناء الفريق كأحد أساليب تغيير الواقع الفعلي من خلال تطبيق الأفكار هو الأساس في عملية التعلم وفي تحويل المنظمة التقليدية الى منظمة تعلم.

من كل ما تقدم نلاحظ بان الابداع يمكن ان يأخذ عدة صور منها:

١- ابتكار فكرة جديدة او منتج جديد أو نظرية جديدة او طريقة جديدة مع تطبيق هذه الافكار والنظريات والمنتجات ونشرها الى اوسع نطاق للحصول على التميز على الاخرين.

٢- تجميع افكار ومعلومات واساليب غير مترابطة وتحويلها ضمن انظمة التفكير الى فكرة جديدة ومنتجات جديدة.

٣- التوسع في استخدام فكرة جديدة في مجالات جديدة وليس في مجال واحد (تطبيقات متعددة ومتنوعة)

٤- تقليد ومحاكاة التجارب النموذجية للاخرين مع محاولة التوفيق بينها وبين احتياجاتنا للتميز والاضافة عليها.

ليس من الضروري ان يكون القائد ذاته اكثر الافراد ابداعاً في الفريق ولكنه لابد ان يحقق ذلك من خلال الافراد واعضاء الفريق، ولابد ان يحاول من دعم وتشجيع الابداع لديهم. ان تنمية روح الابداع والابتكار يتم من خلال التشجيع والمكافآت والتدريب وازالة اية حواجز ومعوقات للابداع عن

طريق التغاضي عن الفشل والافكار الغريبة وكذلك عن طريق جعل الهيكل التنظيمي في المنظمة مفلطحا أي منح الصلاحيات وعدم وجود قيادة متسلطة ورفض الاتجاهات السلبية حول الافكار الجديدة. ولابد ان نعرف بان أي قرار تحصل الموافقة عليه بالاجماع قد لا ينشط التفكير وقد يعتبر كاشارة لقتل الابداع، فلا بد من الاختلافات في الاراء وتشجيع هذه الاختلافات بين الافراد.

لذلك يمكننا ان نقدم مجموعة من الاساليب لتنمية وتطوير الابتكار والابداع:

١- دعم وتشجيع الافراد على طرح آرائهم وافكارهم وعلى طرح الاسئلة المتنوعة حتى وان كانت اسئلة غريبة .

٢- ضرورة الربط بين التعليم النظري والعملي خاصة في المعاهد التعليمية على جميع مستوياتها فالتفكير مهارة تنمو خلال التدريب والتطبيق.

٣- وضع هيكل تنظيمي يدعم ويشجع حرية التفكير وديمقراطية العمل وتنمية روح التعاون والمشاركة والنقد البناء واحترام افكار الاخرين وخلق زوبعة الافكار الخلاقة Brain Storning وهذا يتضمن تشجيع التفكير الاستراتيجي لايجاد قيم واهداف مشتركة بين العاملين والمدراء.

٤- الاعتراف بالفروقات الفردية في المؤسسات.

٥- وجود قيادة ادارية واعية تسعى الى قيادة المؤسسة الى البحث والتحليل والقدرة على التكيف للمتغيرات الاقتصادية والاجتماعية والسياسية.

٦- زيادة التوعية نحو بيئة الاعمال بحيث ينظر الى المؤسسة كجزء لا يتجزأ من البيئة الاجتماعية والاقتصادية والسياسية والقانونية والتعليمية وغيرها الأمر الذي يؤدي الى شمولية التفكير وتوسيع الرؤيا.

الفرضيات الرئيسة للابداع

ياخذ موضوع الابداع في عصرنا الحالي اهمية خاصة فقد عقدت عشرات المؤتمرات والفت مئات البحوث والدراسات لتشرح وتقترح طرق مهمة للابداع وتنميته حيث ان عالمنا المعاصر وكما قدم العالم الكبير بيتر دراكر الى طلبته في احدى محاضراته يقول بان هناك وظيفتين للمنظمات هما التسويق والابداع حتى ان بعض طلبته رد عليه بانه فقط عنصراً واحداً هو الابداع اذ اننا في ادارة التسويق نقوم بالابداع ضمن استراتيجيات التسويق المناسبة للزبائن.

ان الابداع والابتكار يأتي من طريقة المؤسسة في تنفيذ الافكار وتحويل المفاهيم الخلاقة لموظفيها أو العاملين فيها الى حقائق بالتسبب في التغيير أو بالاستفادة من التغيير، وان الابتكار المنتظم الذي يستفيد من التغيير هو الأعظم فعالية.

ومن الممكن تقسيم طبيعة وموضوع الابداع والابتكار الى:

١- الابتكار الخاص بالمنتج Product : وينتج عن تفاعل الاشياء مع الاشياء للحصول على منتجات جديدة أو تحسين في الآلة أو في السلعة أو في البرنامج.

٢- الابتكار الخاص بالعملية Process وهو تفاعل الأفراد مع الاشياء ويوضح الكيفية التي يتم فيها انتاج المنتج أو تطويره.

٣- الابتكار الخاص بالإجراءات Procedures وهو علاقة الافراد فيما بينهم لتنفيذ العمليات وانتاج المنتجات.

من هذه المقدمة وما سبق ان اوضحنا يتبين لنا أهمية الابداع لقد انبرى البروفسور جليفورد وزملاؤه في جامعة جنوب كاليفورنيا في التصدي لهذا الموضوع ووضعوا سلسلة من الاختبارات المعروفة باختبارات الاستعداد The Aptitude Tests حيث وضعوا الافتراضات الثمانية التالية التي تتعلق بالقدرات الابداعية والتي تعتبر اساساً لاختبارات الاستعداد

١- توجد فروق فردية للاحساس بالمشكلة Sensitivity to Problems بمعنى ان شخصاً ما يلمح مشكلة في وضع ما في حين ان شخصا آخر لا يرى مثل هذه المشكلة. ان المبدع يمتلك حساسية مفرطة تجاه المشاكل فهو اقدر من غيره على رؤيتها والتعرف على اسبابها ويعرف بعمق لماذا يفكر في قضية دون اخرى ويدرك الاهداف التي دفعته للتفكير ويؤمن بها.

٢- هنالــك فــروق بــين الافــراد في عامــل الطلاقــة في الافكــار Ideation Fluency أي انتــاج افكــار عديــدة في وحــدة زمنية اذا تســاوت الاعتبــارات والظــروف الاخــرى، فالمبــدع تكون نســبة توليــد الافكــار لديــه عاليــة كمــا وان الطلاقــة الترابطيــة Association Fluency المتعلقــة بــاكمال العلاقات واعطــاء التماثــل أو التنــاقض Analogy &) (Antithesis تكون هي الاخرى واضحة.

٣- الافكار الجديدة Noval Iders ان درجة التحديد والاضافة التي يكون قادراً عليها الفرد مهمة بالنسبة للابداع ويمكن اختيار هذه القدرة بمقدار تكرار ما هــو غــير شــائع ولكنــه مقبول.

٤- المرونــة Flexibility او القــدرة عــلى التغيــير في ذات الفــرد فالشخص الذي يتمتع بمرونة التفكــير (عــدم الجمــود أمــام المشاكل) يكون اكثر قدرة على الابداع.

٥- القــدرة التركيبيــة Synthesizing والتحليليــة Analyzing تعني مقدرة الفرد على تحليل البنــاءات الرمزيــة وتركيــب بناءات جديــدة أي ان الشخص المبــدع اقدر عــلى تحليــل وتركيب الافكار ثم تنظيمها في انماط اوسع واشمل.

٦- وجود عامل القــدرة في إعادة التنظيــم أو اعــادة التعريــف للمجموعــات المنظمــة فالاختراعــات في معظمهــا إعــادة تشكيل او تحويــل بشيء موجــود الى وظيفــة او اســتعمال جديد.

٧- وجـود قـدرات ذات علاقـة بدرجـة التعقيـد Complexity وتعني كمية الافكار المترابطة التي يستطيع الانسان ان يستوعبها أو يديرها في نفس الوقت فالمبدع يتمتع بقدرات اعلى في هذا المجال.

٨- الواقعية والقبـول objectivity and acceptability يحتـاج العمل الابداعي الى الواقعية والقبول حتى يتم تقويمه.

تنمية القدرات الابداعية الفردية

تتلخص استراتيجية تنمية المهارات الابداعية باتباع المنهج العملي في تشخيص معوقات الابداع ومحاولة ازالتها وبشكل عام هناك عدة مهارات يرى المتخصصون انها أساسية في هذا المجال وهي تطوير مهارة التحليل، يتم تطوير هذه المهارة بتطوير مختلف الابعاد اللازمة لمعالجة أي موضوع ويمكن معرفة درجة توفر الوعي والادراك التحليلي من خلال محاولة معرفة الشخص لاجوبته على الاسئلة التالية التي نعرضها امامك في هذه المهمة.

مهمة (٢٢) فردية

أجب عن الاسئلة التالية بوضع اشارة تمت الاجابة التي تمثل رايك

	دائما	احيانا	اطلاقا
١. هل تفضل المناقشات التي تشجع الاخرين على طرح الافكار.			
٢. هل لديك اهتمام بمعرفة اراء وخبرات الاخرين.			
٣. هل تشجع الاخرين على طرح ارائهم			
٤. هل تطرح تساؤلات اكثر مما تعطي اجابات			
٥. هل تتصور عدة حلول لكل مشكلة تواجهها			
٦. هل ترغب بان يعارضك الاخرون في الاراء والافكار التي تعرضها.			

هنالك أساليب محددة لتنمية الابداع لدى الافراد من أهمها ما يلي:

الاهتمام بالاخرين وحاجاتهم : يمكن تنمية الابداع لدى الأفراد من خلال الاهتمام بهم ومن الممكن تحديد درجة الاهتمام بالاخرين من محاولة معرفة نوع الاجابات على الاسئلة التالية:

مهمة (٢٣) فردية

	اطلاقا	احيانا	دائما
١. هل تعتقد انك تعرف توقعات الاخرين دون مناقشة ذلك معهم.			
٢. هل تعامل الجميع بنفس الاسلوب بغض النظر عن الفروق بينهم			
٣. هل تنظر للموظفين كأدوات انتاج			
٤. هل تتصف نظرتك الى الموظفين بعدم التغيير رغم مرور الوقت وتغير الظروف ولا ترى ضرورة للتغير والتطوير			
٥. هل ترى بان استجابة الموظفين لاي قرار هي نفس نظرتك له.			

مهارات التخطيط الاستراتيجي والإبداع

يتعلق ذلك بالاهداف العامة الرئيسية وليس بالامور الاجرائية ويمكن معرفة مستوى هذه المهارة من خلال الاجابة على الاسئلة التالية:

مهمة (٢٤) فردية

	اطلاقا	احيانا	دائما
١. هل تصرف معظم وقتك بمعالجة المشاكل اليومية واتخاذ قرارات بشأنها			
٢. هل تقتصر اتصالاتك على الموظفين المرتبطين بك مباشرة.			
٣. هل تعامل الموظفين بطريقة رسمية وببرود			
٤. هل تركز فقط على نقاط الضعف في الموظفين			
٥. هل تتحدث عن الامور الانية فقط.			

من أهم المهارات الإبداعية التي تتطلبها عملية التخطيط الاستراتيجي الآتي:

١- القدرة على التركيز.

٢- القدرة على التكيف مع التغيير.

٣- مهارة الصبر والتحمل.

٤- مهارات الاتصالات والتعاون.

٥- المهارات الخاصة بالحصول على الاتفاق.

القدرة على التركيز

ان مضاعفة القدرة على التركيز على الأمور التي يمكن عمل اشياء مميزة فيها تأتي نتيجة تفويض الأمور البسيطة التي لا تتغير نتائجها كثيرا الى المرؤوسين، ان مؤشر امكانيات الابداع هنا هي درجة الاهتمام الذي يحظى به موضوع ما فكلما زادت درجة الاهتمام بالموضوع كلما كانت إمكانية الابداع اكبر ويمكن معرفة درجة التركيز من خلال الاجابة على الاسئلة التالية

مهمة (٢٥) فردية

	دائماً	احياناً	اطلاقاً
١. هل تعالج الأمور بتركيزك عليها وفهمك لها			
٢. هل يقتصر تركيزك على الامور الجوهرية وتكرس اكثر وقتك لها			
٣. هل يمكنك ترتيب المواضيع حسب اهتمامك واهتمام المرؤوسين.			
٤. هل تثير اهتمام مرؤوسيك بموضوع ما وتحفز باستمرار ذلك.			
٥. هل تهتم بمعرفة مدى تقبل موظفيك للتغيير قبل القيام به.			
٦. هل تهتم بمعرفة من يمكنهم المساعدة في التغيير عن قناعة.			
٧. هل ترغب باجراءات تغيرات متواصلة			

القدرة على التكيف مع التغيير

كما ويتطلب التخطيط الاستراتيجي قدرة على التكيف مع البيئة المتغيرة باستمرار اذ تعتبر القدرة على التكيف مع التغيير من خلال اعتباره شيئاً حتمياً مهارة ضرورية للابداع ويمكن معرفة درجة القدرة على التكيف من خلال الاجوبة على الاسئلة التالية:

مهمة فردية (٢٦)

	دائماً	احياناً	اطلاقاً
١. هل تتوقع التغير ولا تفاجأ به.			
٢. هل تتخذ قرارات التغيير بنفسك من خلال معرفة الظروف البيئية			
٣. هل لديك القدرة على التجربة والخوض في مجالات جديدة غير مألوفة من قبل الاخرين.			
٤. هل تتحرى باستمرار عن ما توصل اليه الاخرون من افكار وتغيرات			
٥. هل تطمع بان تكون البادئ في التغيير لما حولك من متغيرات بيئية			

مهارة الصبر والتحمل

تتمثل هذه المهارة بالقدرة على اعادة تقييم الذات ان من شأن ذلك مساعدة المدير على تجاوز الضغوط اليومية وتقيم الذات على اساس الدور القيادي وكذلك تقييم اداء المؤسسة مع

الثقة بالمستقبل ويمكن للمدير معرفة قدرته على التحمل من خلال الاجابة على الاسئلة التالية:

مهمة (٢٧) فردية

	دائماً	احياناً	نادراً
١. هل تتمتع بالصبر وتحمل المواقف المختلفة التي تواجهها اثناء عمليات التغير.			
٢. هل تستطيع ضبط مشاعرك تجاه المواقف السلبية من قبل الاخرين.			
٣. هل يمكنك السيطرة على غضبك وتوترك في المواقف السلبية.			
٤. هل تعتمد على اساليب معينة لضبط الانفعالات السلبية.			
٥. هل لديك ثقة بامكانيتك في السيطرة على المواقف.			
٦. هل تفترض عادة بان العمل يحمل جوانب سلبية الى جانب الجوانب الايجابية			
٧. هل تتقبل الانتقادات وتحاول التفكير بها			
٨. هل تحاول معرفة ما يدور بذهن الاخرين حولك			

من كل ما تقدم يتضح لنا بان هناك ثلاث خطوات توصل الى الابداع:

١. الثقة بالذات وحسن التعامل مع المواقف والتعايش والاستغراق الهادئ المتواصل فيما تفكر به.

٢. انفتاح التفكير وانطلاقه دون قيود.

٣. إدراك آلية التفكير الابداعي وخطواته والتعامل معها بمرونة. ولابد في هذه الحالة ان يمر التفكير الابداعي بمراحل (مراحل التفكير الابداعي) هذه المراحل تؤدي الى انتاج بدائل وافكار عديدة من خلال المعالجات الذهنية المتعددة والتي يشترك بها الذهن والجوانب العقلية مع الخبرات والمعلومات ومن خلال هذا الاشتراك والتمازج تنتج البدائل الخلاقة.

ان تحقيق الاداء المتميز والابداعي يتطلب اتصالات فاعلة بين الاطراف الداخلية والخارجية المتعاملة مع المنظمة وفي الفقرات التالية ستتم مناقشة فاعلية الاتصالات.

مهارات الاتصالات والتعاون:

يشير الاتصال الى التعاون الحاصل بين اطراف الاتصال كنتيجة نهائية للعملية، اذ ان الاتصال يبدأ برسالة ترسل من طرف يسمى المرسل لتحقيق اهداف محددة منها اعلام طرف آخر يسمى المستقبل بمعلومات أو افكار او مفاهيم معينة، او الطلب من ذلك الطرف (المستقبل) بتحقيق مطلب معين للمرسل أو تنفيذ عمل لابد من تنفيذه (أوامر) أو لحل مشكلة معينة يعاني منها المرسل ويطلب من الطرف الثاني مساعدته على حلها في كل الأحوال ينطوي الاتصال على مضمون التعاون بين طرفي الاتصال وهما المرسل والمستقبل ان اية مشكلة يواجهها الشخص

لابد ان يبحث هـو الآخرين في العمـل عـن الطـرف اللازمـة للحصول على أحسـن النتـائج بـدون ان يعـاني أي واحـد مـنهما وهذا يتطلب تحسين قدرتهما المشتركة عـلى حـل المشكلة بـين بعضهما البعض في المستقبل. ولابد من الاتفاق عـلى ان يحصل كلا الطرفين في الاتصال عـلى افضل النتـائج مـن خـلال المرونـة والتفاعل البناء.

ان هنالـك ثلاثـة مجموعـات مـن المهـارات لتحقيـق الاتصال الفاعل من نوع (وجها لوجه) أي الاتصال المباشر.

١- الحصول عـلى اسـتماع وانتباه: من الضروري ان تتصرف بحيث ان الناس الاخرين يقبلونك وغير قوتك ويصغون اليك ويفهمون قولك.

٢- الحصول على المعلومة التي تريد: ان كيفية الاصغاء للاخرين بحيـث تـتمكن مـن معرفـة مـا يعرفـه الاخرون وبـذلك تستطيع اسـتعمال هـذه المعرفـة والمعطيـات للاسـتمرار في عملك.

٣- الحصول على اتفاق عملي وهذا يوضح كيفية الحصول عـلى اتفاق على بعض الاشياء بحيث ان كل طرف مـن اطراف الاتصال يحقق اهدافه من الاتصال.

ومن المهارات الاساسية التي لابد ان تكتسبها هي الحصول على استماع وانتباه الاخرين، اذ ان هناك لغة الكلام التي من خلالها يمكن ان تتكلم ليسمعك الاخرون وكلما كان كلامك واضحاً ومنسجماً مع أفكار الاخرين زاد الانتباه اليك

وهناك لغة الجسد التي تعتبر الجزء الاهم من أي رسالة تنقل إلى الشخص الاخر اذ ان ما بين (٥٠-٨٠%) من المعلومات يمكن ان تنقل بهذه الطريقة، فالرسالة التي تنقل غالبا ما تكون شفوية وتتضمن تعابير الوجه وحركات اليدين والقدمين وحتى ملابس المتكلم ونظرته وانفعالاته وما إلى ذلك. ثم يأتي بالاهمية نبرة وطبيعة صوتك حيث يمكن ان ينقل ما بين (١٥-٣٠%) من الرسالة التي يمكن نقلها الى المحدث ونظراً لاهمية لغة الجسد فانه لابد من تعلمها من خلال ملاحظة الناس المحترمين والمسموعين ومتابعتهم، كيف يقفون ويجلسون وما نوع التعابير التي يمتلكون، ماذا تفعل ايديهم واقدامهم وما نوع النظرات التي يملكونها أي بمعنى آخر اذا اردت ان تستمتع او تكون مسموعاً فعليك ان تتصرف كما يتصرف الشخص الذي يستمع اليه الناس. ان تحسين الاتصال تعني قطعا تحسين عملية الاصغاء .

كما ويمكن للاتصال الحقيقي ان يحدث عندما يصغي الناس بشكل فعال كل واحد للاخر، فاذا تعلمت ان تصغي بشكل افضل فانك ستلاحظ ان الشخص الاخر بدأ يصغي اليك بشكل أفضل والعكس يحصل، بالاضافة الى ذلك فانك تحتاج الى ان تعرف ما عند الاخرين والا فانك سوف تخرج بالحصول على معلومات ومعطيات خاطئة وبالتالي فان خياراتك سوف تكون خاطئة بسبب قلة المعرفة .

ومن الممكن الحصول على ما نحتاجه من معرفة من خلال تدعيم الثقة من قبل الاخرين بنا وشعورهم بامكان التكلم

بحرية معنا. كذلك المقدرة على طرح الاسئلة الصحيحة والاستماع للاجوبة.

ولكي تحقق الانتباه والاصغاء الجيد وتعرف ما لدى الاخرين لابد من اتباع الخطوات التالية:

١- قف أو اجلس بشكل مستقيم، أدر وجهك باحترام الى الشخص الاخر وابتسم.

٢- الجلوس بوضعية مفتوحة للجسم عدم وضع الساقين احدهما على الاخرى ولا تكون ذراعيك مكتوفتين.

٣- الميل باتجاه الشخص الاخر قليلا وعدم الابتعاد عنه.

٤- المحافظة بشكل ثابت على نظرك وانت تحدث الاخرين

٥- الاسترخاء والبقاء متيقظين.

ان لغة الجسد تعتمد على الاشارات والحركات وليست الكلمات حيث ترسل الرسائل بالتوافق بين اقوالك وحركات جسدك.

المهارات المتعلقة بكيفية الحصول على الاتفاق

ان عملية الحصول على اتفاق تتلخص بالنقاط الاتية:

١- تأسيس العلاقة وذلك باستعمال السلوك غير الشفوي والمفيد.

٢- تهيئة اتفاق لحل المنازعات مع الطرف الآخر

٣- التركيز على حل مشترك.

٤- طرح الاسئلة للحصول على وجهات نظر الاخرين.

٥- التصرف بشكل ايجابي للحصول على استماع مقبول للاراء.

٦- البحث عن الامور التي تستطيع ان توافق عليها وتلخيصها

٧- كتابة بياناً مشتركاً حول كافة النتائج والأعمال وتحديد موعد زمني لتنفيذ ما اتفق عليه.

مهمة (٢٨) فردية

ضـع اشـارة (✔) عـلى الوضـع الـذي يناسـب الحالة ويمكنك معالجته والتعامل معـه وضع اشارة (X) امام الاوضاع التـي لم نـتعلم كيـف نتعامـل معهـا جيدا مـن خـلال الفقرات التالية:

الاقل خبرة	الزملاء	الاكثر خبرة	عندما اكون مع الاشخاص:
			الحصول على انتباه الشخص المشغول
			إثبات وجهة نظري
			اقناع الشخص باجراء تغيير
			معالجة شكاوى الآخرين
			التعامل مع الشخص الغاضب
			التعامل مع الشخص العدواني
			التعامل مع الشخص المنزعج
			التكلم عن مشاعري
			القيام بتدريب بعض الاشخاص
			جلب الانتباه خلال الاجتماع
			الاختلاف مع أحد الاشخاص
			نقد أحد الاشخاص
			مدح احد الاشخاص
			الحصول على مساهمة مرتجعة وامينة
			معالجة المساهمة المرتجعة بشكل ايجابي
			السؤال عن الشيء الذي أريد
			رفض الاشياء التي لا ارغب بعملها
			التكلم الكثير مع الاشخاص
			الحديث في الموضوعات الحساسة

ان التعامل مع الاشخاص الاكثر خبرة منك يبدو صعبا ويتطلب بعض الدعائم والركائز لكي يتم التعاون وأهم ركيزة هـي الثقـة بالنفس وبالاخرين.

ان هنالـك خمسـة اسـاليب لفـن الاتصـالات في ادارة الصراعات واحلال التعاون محلها هذه الاساليب هي:

١- اسـلوب تقدم واذهب (تعاون غـير فعـال مـع ثقـة) هـي الهجوم المتواصل والنقاشات انه اسلوب غير فعال ينتج عنه اعداء.

٢- اسـلوب الهـروب عنـدما تكـون الثقـة قليلـة والتعـاون غـير موجود اذ يجبر المرء على ذلك عندما يواجه شخصاً عدوانياً او غضباناً وعندما يشعر المرء بانه لا يمتلك القوة الكافية لمواجهة ذلك الشخص ولـذلك فسـوف يـتم الانسـحاب او تـرك الموضـوع كلـه وهـذا ينـتج عنـه مشـاعر الامتعـاض والاحباط.

٣- اسلوب نعم سيدي (التعاون موجود ولكن بالمقابل هناك عدم ثقة) الكثير من الناس تربوا على الطاعة والتعاون ليتجنبوا إزعاج الاخرين وخصوصاً رؤسائهم وذلك باخفاء شعورهم السلبي ويحاولوا البقاء هادئين وغالباً ما يستخدموا التلميح على امل ان يفهم الناس ما يقصدون وما يريدون ان الذين يستخدموا هذا الاسلوب كثيرين وربما يكونون اناساً لا يحبون الاعتداء او النزاع مع الاخرين ولكن هذا الاسلوب يعكس جانباً مهماً سلبيا وهو تنازلهم عن ارادتهم الذي قد يحولهم الى اشخاص عدوانيين فيما بعد.

٤- اسلوب تبادل المنافع (ثقة وتعاون متوسطين) هذا الاسلوب يهدف الى ايجاد تسوية عملية يتعايش معها الطرفان، لذلك فان له بعض الفوائد المتضمنة تنازل الطرفين عن اشياء يرغبان فيها من أجل التوصل الى شيء يرانه حقاً وذلك بالوصول الى اتفاق عملي. ان اسلوب تبادل المنفعة ممكن ان يكون اسلوباً عملياً ناجحاً حيث يتيح لكلا الطرفين التحرك الى الامام.

٥- اسلوب دعنا نربح الاثنين (تعاون وثقة عاليتين مشتركة) يعمل الفريقان مع بعضهما للحصول على افضل الاجوبة الممكنة لكليهما ويعمل سوية لخلق المنافع لبعضهما البعض وذلك يخلق جو من الثقة المتبادلة والتعاون ان هذا الاسلوب ينطوي على تحسين علاقة الطرفين المتعاملين وكذلك التعاون والثقة واحترام الشخص الاخر ولذلك فان هذا الاسلوب لا يترك شعوراً مريراً لدى الطرفين وبالاضافة الى ذلك فاذا بدأت بهذا الاسلوب ولم ينجح فبامكانك اللجوء الى الاساليب الاخرى.

امثلة للتعاون والاتصالات الفعالة

١- نموذج الاتصالات عند اختيار المرشحين للوظيفة الشاغرة. تمر عملية الاختيار بمراحل وكل مرحلة تتضمن مجموعة من فعاليات الاتصال ومن الضروري معرفة ما يجب عمله وما لا يجب عمله في هذه العملية.

الشكل التالي يوضح سلوكيات اعضاء لجنة المقابلات

شكل (٢٦) ما يجب عمله وما يجب تجنبه في المقابلة

ما يجب عمله	ما يجب تجنبه
العمل حسب خطة مسبقة وتنفيذها مع المرشح	عدم التنظيم في العمل والسرية في المعلومات
تأجيل الحكم حتى جمع كل المعلومات	الاعتماد على المظهر في التقييم، وتقديم اسئلة حول كيفية العمل من قبل المتقدم مثال: كيف تستطيع معالجة كذا وكذا، ان هذه الاسلوب غير نافع، اذ ان المرشح الذكي يستطيع المناورة
التركيز على اكتشاف ما فعله الناس وكيفية تعليمهم لان هذا سيكون افضل طريقة لارشادهم	تقديم اسئلة عامة او سطحية مثل كيف يمكنك السيطرة على الناس في العمل.
السؤال عن التفاصيل الدقيقة ومتابعتها	الاحتفاظ بسجل صغير لتسجيل هذه التفاصيل لان ذلك يدعوك الى رفض الناس.
مساعدة المرشح بان يعمل بافضل طريقة ممكنة	احتكار المقابلة وعدم إتاحة الفرصة للشخص للتعبير عن نفسه.
التأكد من ان المرشح قد شغل (٧٥%) من وقت المحادثة	تشتيت وتضيع الوقت
المحافظة على التلخيص لتحسين عملية التذكر	الاعتقاد بان المتحدث الجيد يكون ايضا جيداً في العمل والمرشح الصامت يكون غير فعال.
اسأل عن الادلة المعاكسة فاذا كان المرشح جيدا فلابد من سؤاله حول الصعوبات التي يجيدها، واذا كان غير جيد لابد من سؤاله حول ماذا يجيد.	احتكار المحادثة

أما السلوكيات الخاصة باتصال المرشح لابد ايضا ان تتحدد ببعض الجوانب لكي يكون الاتصال فعالاً ومجدياً والشكل التالي يوضح ما تفعل وما لا تفعل عندما تتقدم كمرشح الى وظيفة او مهمة معينة

شكل (٣٧) الاتصال بين المرشح للوظيفة ولجنة المقابلة

ما يجب عمله	ما يجب تجنبه
ضرورة التحدث عن حالات خاصة حتى وان كانت الأسئلة عامة	الاعتماد على الاراء العامة
ضرورة تقديم نفسك بقوة وبشكل ايجابي	امتداح نفسك كثيرا حيث انك ستضع علامة استفهام أمام الاشخاص الذين يجرون لك المقابلة
التكلم عما تعلمته من تجارب وكيفية تطورك ومسارك	الانطباع الخاطئ أو غير الواضح
تكلم بايجابية عن مكان عملك السابق ومديرك وزملائك في العمل السابق	الانطباع بانك الوحيد في مجالك الا اذا كنت قادراً ان تبرهنه.
إسأل أسئلة عن نوع العمل، المعايير التي يتوقع منك تلبيتها، الاشخاص الذين ستعمل معهم	أسئلة عامة لا تتعلق بالعمل ولا تشتك من الاخرين فان هذا شر قاتل
	الاندفاع بشكل اعمى الى عرض الوظيفة الاول حتى ولو كنت بحاجة ماسة اليه، ولا تعطي الانطباع بانك تحتاج جداً هذه الوظيفة وباي ثمن

الاتصالات الفعالة لاغراض التغذية المرتجعة

ان الاهداف الاساسية لهذه الاتصالات هي تطوير مهارات الاشخاص وكفاءتهم واقناعهم ببذل الجهود فيما يفيد والتخلص من السلبيات من خلال بناء علاقات فعالة ومؤثرة وآليات لمعالجة وحل المشاكل. والشكل التالي يوضح بعض الأسس في التغذية المرتجعة

شكل (٢٨) ما تفعله وما لا تفعله في التغذية المرتجعة

ما يجب عمله	ما يجب تجنبه
خذ بالاعتبار كيف تجعل تغذيتك للمعلومات المرتجعة عملية مقبولة من قبل الشخص الاخر لان كل شخص سيصبح مدافعا عن نفسه اذا شعر بالنقد والاحراج	محاولة فرض وجهات نظرك
ركز على ما يفعله الاخرون وبذلك تستطيع التغيير	انتقاد شخصية الاخرين لان ذلك يؤدي الى صعوبة التغيير
تذكر ان ما تفعل وكيف تفعل سيؤثر على كيفية ردود الفعل في التعاون من عدمه.	تحويل الاخرين الى أضداد من خلال توبيخهم على كل شيء.
ابن مناقشاتك على بعض النتائج الملموسة وذلك كي تستطيع ان توافق على ان مجموعة خاصة من السلوك تنتج او لا تنتج نتائج محددة.	مهاجمة سلوك أي شخص بدون اية حقائق او ادلة
احمل الشخص الاخر على وصف النتائج والسلوك بواسطة طرح اسئلة عما حدث فعلياً.	إعطاء أرائك الشخصية عما تم من سلوك

ما يجب عمله	ما يجب تجنبه
ابق ودوداً ومعقولاً وهادئاً	مهاجمة وإثارة الشخص الاخر
اعط المعلومات الايجابية بالاضافة الى المعلوسات السلبية	التركيز على المعلومات السلبية حول الأداء.
اطلب من الشخص الآخر ان يعمل على تعلم استعمال السلوك النافع وما يجب ان يفعله بدلا من التصرفات الرديئة	التذمر أمام الشخص الآخر وتتمنى ان تكون محله لتتصرف كذا وكذا.
ركز على مجموعة واحدة من السلوك وفي كل مرة وبصورة خاصة السلوك المؤثر جوهرياً على النتائج.	عدم إشغال الاخرين من خلال المعلومات الكثيرة وغير النافعة.
امضي معظم الوقت في مناقشة الاشياء التي يجب ان تعملها لان هذا يقود الى ايجاد الحلول	عدم إضاعة الوقت في مناقشة ما فعلت لانك لا تستطيع ان تغير الواقع بل اثارة المشاكل.

التعاون وادارة الاجتماعات

ان الاهداف الاساسية للاتصالات الفعالة عند ادارة الاجتماعات هي التعاون في نقل المعلومات الى كل شخص والحصول على الاستجابة المطلوبة. هناك اسس وقواعد لابد من الالتزام بها عند ادارة الاجتماعات لتحقيق درجات عالية من التعاون والتفاعل البناء. والشكل التالي يوضح ما يجب الالتزام به وما لا يجب

شكل (٢٩) الاتصالات الفعالة للاجتماعات

ما يجب عمله	ما يجب تجنبه
الالتزام بالحياد عند إدارة الاجتماع مع ضرورة التزام الهدوء والمودة	إساءة استخدام السلطة عن طريق فرض القرارات.
استخدام الاجتماع كوسيلة ناجحة للاتصال	اتباع اسلوب الخداع مع الاخرين فيما يتعلق باستشارتهم ومن ثم اتخاذ القرار الذي سبق وان اتخذته انت بنفسك.
البدأ بالاجتماع في وقته المحدد مع ضرورة الاستعداد له بشكل جيد والتمسك في جدول الاجتماع	الانتظار لمن يتأخر عن حضور الاجتماع لتجنب افهامهم بان هذا قد يحصل في كل اجتماع (تعويدهم)
ضرورة التذكير بعدم الخروج عن الموضوع وذلك من خلال تلخيص الأمور وتذكير الحاضرين بالاهداف والتوقيت.	السماح باضاعة الوقت بالتشتت ومناقشة الموضوعات الجانبية أو فتح موضوعات سبق وان تم اتخاذ الاجراء بصددها.
التشبث بنقاط الاتفاق وتلخيصها وتنفيذ القرارات العملية.	السماح للاخرين بقضاء الوقت في عدم فعل شيء او عدم الاتفاق.
محاولة تنفيذ القرارات العملية	اعطاء المجال للاخرين لان يكرروا مواقفهم غير القابلة للمساومة
التركيز على الافراد الاهدأ وقليلي الضجة ومنحهم الفرصة لعرض آرائهم	التركيز على واحد او اثنين من الأفراد يسيطرون على مجريات الاجتماع

اتصالات المشاركين في الاجتماع مع بعضهم الآخر:

لكي تكون الاجتماعات فعالة وتنجم عنها قرارات ذات فائدة لجميع الاطراف ويتم تقديم الافكار المناسبة للقضايا المعروضة في الاجتماعات لابد من مناقشة الموضوعات وفق الاجراءات التي يوضحها الشكل الاتي:

شكل (٣٠) التفاعلات اثناء الاجتماع

ما يجب عمله	ما يجب تجنبه
الاصغاء الى ما يقوله الاخرون واخذه بعين الاعتبار	الدفاع فقط عن زاويتك ضد المهاجمين
ابداء وجهات النظر الخاصة بالدفاع عن موقفك.	التكلم عندما لا يكون هناك موضوع خاص لك يدفعك الى الكلام.
لابد ان تكون المساهمات موجزة ومختصرة وواضحة وفي صلب الموضوع.	التشتت والانحراف عن سياق الاجتماع او تكرار نفس وجهة النظر.
التأكد من جميع الحقائق قبل ابداء وجهات النظر.	مناقشة امور لا تمتلك الادلة الكافية عنها.
الجلوس في المكان المناسب بحيث يمكنك النظر الى رئيس الاجتماع واعطاء اراؤك بوضوح .	الجلوس في المكان الذي يصعب ان يراك ويسمعك الاخرون
ضرورة تدقيق وتلخيص وفهم النقاط الجوهرية	الاختلاف مع الاخرين بدون التأكد مما قالوه بشكل صحيح.
مساعدة والاخرين من الافراد لان يساهموا بشكل اكبر خاصة الصامتين منهم.	أخذ اكثر من حقك من الاضواء والاهتمام.
الطلب من رئيس الاجتماع ايجاز وتلخيص حيثيات الاجتماع اذا لم يقم بذلك.	التخلي عن واجبك او وظيفتك في مساعدة الاجتماع او انجاحه.

الجودة ورضا الزبائن

من كل ما سبق من موضوعات حول تحقيق الأداء المتميز بان كل عضو في المنظمة وفي أي مستوى يمكنه المساهمة في تحقيق الجودة من خلال دوره القيادي وما يتوقع ويعرف كل منهم ما مطلوب تحقيقه من قبلهم وان يطمئنوا ان المؤسسة تعنى بهم ويمتلكوا المصادر التي تساعدهم في أداء واجباتهم وكذلك ما يمتلكونه من سلطات وصلاحيات لتنفيذ مهامهم.

ان تحسين النوعية يتم من خلال العلاقة بين الادارة ومن هم خارجها (الزبائن الداخلين والخارجين) وهذا احد مكونات القادة لذلك فان الجودة او النوعية تتطلب تغييراً في الثقافة المشتركة ان النجاح في تحقيق الجودة يتطلب دراسة القضايا كافة أي دراسة القيادة والمشاركة والمقاييس المعتمد.

ان اسلوب قيادتك للاخرين ينعكس على سلوكهم، فالقائد هو النموذج فاذا كان القائد يؤمن بالاهداف التي يحددها فان المرؤوسين يراقبون هذا القائد مراقبة دقيقة ويتمثلون بخطاه، فالقائد الذي يهتم بالزبائن سوف يولي جميع المرؤوسين الزبائن اهتمامهم الكبير، ان قيم الشركة تؤسس وفق نموذج القائد.

ان للادارة العليا نوعان من الزبائن تعنى بهم الاول مجموع الزبائن والمؤسسات التي تدفع مقابل خدمات الشركة او منتجاتها والنوع الثاني هم المستخدمون الذين من غير تعاونهم تتعرض المجموعة الاولى الى الخطر.

ولكي يقوم المستخدمون بواجباتهم على اكمل وجه ينبغي ان يهيئ لهم جو مرح خال من القلق. وعلى الرغم من ان الجودة عمل جاد ومهمة اولى تسعى اليها المؤسسات فهي لا تتعارض مع المرونة والمرح، اذ ان المرح والجد لا يتناقضان فالمرح هو مرآة للنوايا الطيبة في المؤسسة والادارة العليا تخاطب قلوب المستخدمين وعقولهم لتحقق الغاية المرجوة وهي الجودة التامة ومن المهم أن يعرف المستخدمون ان مدرائهم التنفيذيين ينطوون على مشاعر الفرح والمرح ايضا.

وباختصار يمكننا القول ان القادة الجيدين هم الذين يملكون الاحساس بالمرح ويملكون روح الدعابة ويعرفون متى وكيف يستخدمونها. اضافة الى ذلك ان المنهج القيادي القائم على المشاركة هو أكثر فاعلية في استخدام الوقت والمصادر. كما وان المشاركة القائمة على حب القائد تؤدي الى الجودة والعطاء. فالالتزام الشخصي للادارة العليا امر المرجو منه في انجاح آلية الجودة.

تهدف الجودة الى الاستزادة في رضا الزبون واقتناعه عبر انتاج البضائع والخدمات واغلب الجدل عن آليات الجودة يتضمن السؤال التالي: ماذا بمقدور الشركة فعله لتجسد تحسيناً ذاتيا؟ وكذلك ماذا باستطاعة مستخدم واحد ان يفعل؟ ومن المعلوم ان لكل عضو في المؤسسة زبائن داخليين هم زملاؤه في العمل وله وصف مهني (رسمياً كان أم غير رسمي) لكن من النادر وجود مستخدم واحد يفحص متطلبات عمله ثم يستعرض

متطلبات المستخدمين ليكشف ان كانت المواصفات المهنية تناسب توقعات الاخرين وفي هذا السياق فان المحاولات غير الرسمية التي تروم اكتشاف ما يريد الزبائن الداخليين هي خطوة في الاتجاه الصحيح.

ان ما يجرى داخل المؤسسة بعيداً عن أعين الزبائن الخارجيين يقطع شوطاً طويلاً نحو تحديد مستوى الخدمة التي يقدمها المستخدم لهم ونعني بذلك المستخدم الذي يكون على تماس مباشر بهم. والعمل السيء (ومنه العمل الذي لا ضرورة له) تندفع أمواجه نحو الزبون الخارجي اما في هيئة اسعار عالية أو في هيئة نقص في الوقت والمعلومات.

ولذلك فان تدعيم الزبون الداخلي باساليب وأسس معينة وتحفيزه نحو الاداء المطلوب والمرغوب به من قبل الزبون الخارجي يحقق للمنظمة اقصى درجات التطور والنمو وفي هذا الصدد فان المشاركة في تحقيق الجودة ذات اهمية كبيرة.

وهناك مبادئ اربعة في المشاركة التي تتضمنها آلية الجودة:

المبدأ الأول: الجميع يسعى الى تحقيق الجودة هذا يعني ان المشاركة ليست اختيارا واي شيء سوى ذلك سيشطر المؤسسة الى فعالين وغير فعالين (متفرجين) ولا يعني ذلك ان جميع المستخدمين سيكونوا مؤيدين ومتحمسين للجودة منذ اليوم الأول بل يعني ان المخطط سيسمح باداء كل فرد دوراً في التطوير

المستمر للمؤسسة، وان لم يشرع أحد في ذلك الا بعد اشهر من البداية الرسمية لتطبيق الآلية.

المبدأ الثاني: لكل واحد زبائنه وبتحديد مدلول كلمة "زبون" الذي يذهب الى انه "كل شخص تقدم له خدمة أو منتجاً أو معلومات فان الفرصة الممنوحة لكل مستخدم بان يكون فاعلاً في عملية التطوير المستمر سوف تتعزز.

المبدأ الثالث: لكل شخص اهداف تتعلق بالجودة وفي الآلية المدروسة للجودة، ستكون لكل فرد مسجل اسمه في لائحة الرواتب، اهداف شخصية تتعلق بالجودة مصحوبة بفهم للكيفية التي تدعم بها الاهداف الفردية تحقيق اهداف الشركة وتطور تلك الاهداف عبر المناقشة بين الأفراد كالعمال النظراء أو الزبائن أو المشرفين على العمل.

المبدأ الرابع: التنفيذ معناه ارتقاء المستويات الأدنى في الشركة الى مستوى الادارة العليا، أما الالتزام والدعم فيتحقق بنزول المدراء الى أماكن العمل ويجب ان يكون لآلية الجودة هيكل محدد حتى يستطيع كل منتسب التأثير في النظام لا أن يقتصرـ الأمر على تأثير النظام في كل فرد.

مهمة (٢٩) جماعية

على ضوء المبادئ الاربعة التي درستها حدد مبادئ وأسس الاتصالات الفاعلة في المجالات التالية:

١- مناقشة مستوى جودة المنتجات او الخدمات مع الادارة العليا.

٢- مناقشة مشاكل الجودة مع الزبائن.

٣- الاتصالات بين عمال الخدمات البيعية وعمال الانتاج.

مهمة (٣٠) جماعية

ما هي أهم المشاكل او العقبات التي تقف أمام تنفيذ آلية الجودة حددها بنقاط مع ذكر الوسائل المناسبة لمعالجتها مقابل كل مشكلة أو عقبة تحددها.

مخطط الملائمة بين المشاكل والحلول:

أمام المؤسسات على اختلاف طرزها ثلاث فئات عامة من فرص التحسين مستمرة ودورية وعرضية.

ان التحسين المستمر يتعامل مع السؤال التالي:

"هل اننا نفعل الاشياء على نحو صحيح؟"

ويحاول التطوير العرض ان يجيب على السؤال: أين أخطأنا؟ وماذا سنفعل بشأن ذلك؟

ويمكن للمستخدمين في كل مستوى ان يطرحوا السؤال التالي:

"هل انت تفعل الاشياء على نحو صحيح؟"

ويتطلب التحسين المستمر طريقة يجد فيها اذنا صاغية لانكاره في تحسين النوعية، سواء طرحت تلك الافكار اليوم ام غداً أم فيما بعد الغد ويتضمن هيكل رسمي للافكار ويصلح بان يكون تعهد الشركة بتقييم افكار مستخدميها في أي وقت تقدم فيه.

وتتنوع الطرق المؤدية الى التحسين المستمر وتميل الى ان تعكس مقدار الثقة التي ترغب ان تمنحه إدارة المؤسسة العليا لاولئك الذين يشتغلون من أجلها واقدم هيكل واكثرها شيوعاً هو

صندوق الاقتراحات، وهـو في العـادة نظام سـلبي يتطلب مـن المستخدم أوطأ مستوى من المشاركة ويترك تركيز القوة بيد الادارة.

وكانـت دوائـر الجـودة محاولـة اولى لاستحضـار المزايـا المتأصلة في العمل الجماعي، لتكون على صـلة وثيقـة بالعوامـل التي تثـبط تحقيـق الجـودة في المؤسسـة، وعـلى الـرغم مـن تسجيلها عدداً كبيراً مهـماً مـن النجاحات المبكرة فان دوائر الجودة تميل الى ان يكون لها مشاركة قليلة ولـدوائر الجـودة جانب سلبي آخر فهي تنشأ غالباً لتعالج مشكلة واحدة ثم تنحل عندما تستنبط الحل. أما التحسين المستمر فيتطلب فرقاً ثابتة توكل اليها وظيفة واحدة او وظائف متشعبة توجد في كافة المستويات في المؤسسة وتمنح صلاحيات مطلقة لممارسة المسؤوليات.

والنموذج الاعـلى تطوراً هـو مجموعـات العمـل المـدارة ذاتيـاً حيث تمنح مجموعة العمل المسؤولية والسلطة لتحديـد كل شيء، بـدءاً مـن جـداول مواعيـد العمـل وانتهاءً بالاسـتخدام والفصل وفي مقابـل تلـك الاسـتقلالية يتعهد العاملون بانجـاز اهداف العمل التي اتفقوا عليها مع الادارة العليا.

ان أحد اساسيات الجودة التي تسعى اليها المؤسسـات ومجموعات أو فرق العمل هـي نظام المقاييس الـذي يحـدد امكانية تقدم المؤسسة واتجاهات تقدمها.

ان واحـدة مـن ادوات القيـاس الشـائعة في تحديـد المشاكل وفي منحها الاولوية هـي تحليل بـاريتو الـذي يـدعى باسلوب (٨٠-

٢٠) (مقدار الصحف المسلمة الى الصحف المتأخرة) بمعدل ٥-١ أي ٨٠% الى ٢٠% وفق ما واجهه بائع الصحف بارتيو)

ان اساس تحليل باريتو هو الدقة في تحديد المواعيد والتوقيتات الخاصة بتسليم البضائع والخدمات.

كما ان العلامات الهادية Bench Marking واحدة من أنظمة القياس الخاصة بالجودة، اذ قامت شركة زيروكس ببذل جهد كبير في سبيل الجودة قادها الى جائزة مالكولم بولدرج عام ١٩٨٩ ومنذ ذلك الوقت جعلت تلك الشركة من الاهتداء بالعلامات جزءاً مهماً من نشاطاتها، لقد تأملت في صناعتها وخرجت خارج حدودها كلما كان ذلك أمراً ضرورياً لتعثر على مقاييس اخرى تكافح من أجلها، فعلت ذلك لانعدام المنافسة أو لانها كانت تحتل الرقم (١) في فئة خاصة.

ويتضمن الاهتداء بالعلامات وضع اهداف مبنية على تجربة حقيقية ثم الكفاح من اجل الوصول والتفوق على تلك العلامات وان كان الشخص الوحيد أو المؤسسة الوحيدة التي تريد التغلب عليها هي نفسك أو مؤسستك.

تسعى اغلب المؤسسات لتحقيق الجودة التي يطلبها الزبائن بهدف ارضائه وان افضل وسيلة لتقديم خدمة لهم هي تقديمها بشكل سليم من اول مرة.

الوصايا العشر لخدمة الزبائن

١- ساعد الزبائن على تحقيق حياة أفضل بتقديم الخدمات التي يحتاجونها.

٢- النظم لا الابتسامات ان المحافظة على قولك "من فضلك وشكراً" لا يضمن تحقيق الاداء الصحيح، وجود نظم تدعم هذا الاداء هو الذين يضمن ذلك.

٣- قلل من الوعود واجعل الاداء اكبر من الوعود وزبائنك يتوقعون منك ان توفي بوعودك وتكون عند كلمتك، أوف بالوعد.

٤- عندما يسأل الزبون عن شيء يكون الجواب دائما نعم.

٥- لا تحتاج الى مفتشين على عملية البيع او لادارة علاقات الزبائن، كل من لديك ويتعامل مع الزبائن يجب ان تكون له سلطة الرد على الشكاوى وحل المشاكل مباشرة.

٦- اذا لم يتقدم زبائنك بالشكوى فهذا لا يعني ان عملك كامل، هذا مؤشر على خلل ما، شجع الزبائن على ان يحدثوك عن اخطائك.

٧- اخضع كل اعمالك للقياس الدقيق.

٨- ادفع للعاملين عندك كما لو كانوا شركائك.

٩- احترم الناس وكن لطيفا، ان ذلك يؤدي الى النجاح.

١٠- اتبع الفكر الياباني في العمل بان تبحث في كيف يقوم منافسوك بالعمل ادرس اساليبهم ثم حسنها.

مهمة (٣١) جماعية

صمم استبيانا توجهه الى الزبائن الذين تتعامل معهم مؤسستك لتحديد اتجاهاتهم نحو المنتجات او الخدمات التي تقدمها لهم ونحو التعامل واي جوانب اخرى تراها ضرورية.

مهمة (٣٢) جماعية

أوضح أسباب كل مما يأتي:

١- كلما تشكر زبائنك لابد ان تشكر العاملين معك.
٢- كلما سنحت الفرصة لك حاول ان تشكر زبونك الوفي.
٣- وظف المتميزين واستغني عن خدمات غير الكفوئيين.
٤- خذ مبادرة وارفع اجور العاملين معك واربط الاجر بالاداء.
٥- عليك كمسؤول اعلى ان تكون القدوة.
٦- اذا اردت في مستخدميك ان يحسنوا معاملة زبائنك يجب ان تحسن معاملة مستخدميك.
٧- لا تعامل الزبون وكانه يشتري منك لمرة واحدة.
٨- ليس من الضروري ان تشتري رضا الناس. ان اعتذاراً مخلصاً عن الخطأ واصلاح المشكلة فوراً هما الحل.

الاستطلاعات كمحفزات للجودة

في سياق تحسين الجودة هناك ثلاثة نماذج رئيسة في استطلاع الاراء وهي:

١- استطلاعات الزبائن الخارجين وهي تصمم لمعرفة آرائهم بالخدمات او المنتجات.

٢- استطلاعات المستخدمين وهم يؤدون ادوارهـم بصـفتهم زبائن داخليين وهي تصمم لاستطلاع ارائهم بالخدمة او المنتج الذي يستلمونه في وحدات اخرى داخل المؤسسة نفسها.

٣- استطلاعات مواقف المستخدمين وهي تصمم لمعرفة آرائهـم بالمؤسسة نفسها.

ان المحافظة على معايير الجودة وتجاوزها عملية مستمرة تشمل كل فرد ولابد من تشجيع الفريق على تحليل مواضع المشكلات والعمل الجماعي لايجاد الحلول لها والعمل سويا في البحث عن طرق لتحسين المنتجات والعمليات والاداء، فاذا كان هناك احتياج لمهارات اضافية، فلابد من توفير التدريب اللازم لها وسوف تنتج عن هذا الاسلوب افكاراً وتطويرات مستحدثة، بالاضافة الى انه يحقق المناخ المناسب للاسهام وزيادة الحفز مما ينتج عنه ارتفاع معايير الجودة.

والشكل التالي يوضح كيفية تحسين معايير الجودة

شكل (٣١) معايير الجودة وأساليب تحسينها

المعايير المستهدفة	اساليب تحقيق الجودة
القيادية: ينبغي قيادة الفريق لتحقيق الجودة الشاملة عن طريق التحسين المستمر لكل عملية ولكل منتج	الوثوق بان الطاقم باكمله مدفوع الى التحسين المستمر في كافة مجالات الاداء تقدير الجهود المبذولة من قبل اعضاء الفريق
الاستراتيجية: الاحتفاظ بوضوح الرؤية وتطويرها في المؤسسة. الحفاظ على المهام والقيم والاتجاهات	تحديد كافة الاهداف بهدف تحقيق اعلى معايير الجودة. توصيل الاهداف الاستراتيجية بوضوح لكل فرد مع مراجعتها وتطويرها باستمرار.
الافراد: الوثوق من حفز الطاقم وحسن ادارته وتخويله السلطات للتحسين المستمر.	تدريب الطاقم باكمله على المهارات والقدرات الضرورية لتحقيق اهداف الجودة. الاتصالات المشتركة من اعلى الى اسفل وبالعكس.
الموارد: استخدام الموارد المالية وغيرها بطريقة فعالة لانجاز اهداف المؤسسة	كفاءة ادارة الموارد المالية واستخدام التقنيات الممتازة للوصول الى اعلى المستويات في الاداء.
العمليات: الاتساق بين كافة العمليات لتحقيق الفاعلية في الاداء.	تطوير مقاييس للاداء والتغذية المرجعة لتحقيق الدافعية نحو التطوير. تنمية الابداع لدى الافراد في مجال العمليات والتطبيقات.

حالات لزيادة الخبرة
الحالة الاولى (تحمل المسؤولية الذاتية)

حينما كان مصطفى يعمل في احدى شركات الاتصالات والخدمات الهاتفية، كان كل من يدخل غرفته كمدير هناك يشعر بان هناك طاقة هائلة متدفقة من خلال ضحكاته وابتساماته على كل طرفة او نادرة يسمعها، علما بان تحمله للمسؤولية كان عاليا وكان اداؤه موضع تقدير. ففي مرحلة مبكرة من عمره تعلم مصطفى مفهوم المسؤوليات والحاجة الى اعتبار نفسه مورداً هاماً من الموارد الرئيسة في الحياة فحينما تخرج من المدرسة الثانوية كان الكثير من زملائه يتشاورون بشأن الكليات التي سيلتحقون بها ولكنه كان مركزاً هو زوجته على انتظار مولودهما، ولذلك اسقط من حساباته اية افكار بشأن الالتحاق بالكلية وبدلاً من ذلك اتجه نحو احتراف مهنة "فني كهرباء" وواصل عمله في شركة الاتصالات وما ان بلغ ربيعه الحادي والعشرين حتى أصبح مسؤولاً عن (١٠٠) فني يعملون لدى الشركة.

المعروف عن مصطفى انه يخبر العاملين معه بان مستقبلهم ومستقبل الشركة سيكونان محل اهتمامه وعنايته اذا اهتموا بالاعمال اليومية الموكله لهم وانهم يستطيعون تولي المسؤوليات التي يرغبون فيها دون تحديد او قيود طالما كانوا على استعداد لتحمل مسؤولية نجاح جهودهم. لكن اذا طلب مصطفى من أحد العاملين ان يكون مستعدا لشرح اسباب الرغبة في أداء عمل

معين خلال ثلاثين ثانية وفشل ذلك العامل في اعطاء الاجابة المطلوبة فانه يطلب منه اعادة التفكير في ذلك العمل. تلك هي طريقته للتأكد من قيام العاملين بالتفكير في مدى نجاح افكارهم من جميع النواحي.

اضافة الى كل ذلك فان العاملين لا يخشون المرور بجانبه مصادفة كرئيس الدائرة (اصبح فيما بعد) فهو يتبادل معهم التحيات الحارة حينما يراهم وكان الجو العام للشركة مريحاً ومفعماً بالحيوية وان كل موظف كان يشعر ان لديه جرءاً في العمل ينبغي عليه انجازه.

استقصاء تحمل المسؤولية والمساءلة

ضع دائرة حول رقم الاجابة التي تعكس بدقة تصرفك الفعلي

١. ابداً تقريبا ٢. احياناً ٣. من حين لاخر

٤. مراراً وتكراراً ٥. دائماً تقريباً

	١	٢	٣	٤	٥
١- حينما يطلب منك مديرك اداء عمل معين ترفضه جملة وتفصيلا، هل تؤديه دون الاستفسار منه عن شيء.					
٢- حينما تتكشف الاحداث في العمل تعتقد انك آخر من يعمل، هل تشعر بالامتعاض وتشكو للاخرين ان الادارة لا تخبرك بامور العمل كما ينبغي عليها ان تفعل.					
٣- احد العاملين في قسم آخر يتعامل معك بطريقة عدوانية تخلو من اللياقة، هل تترك المجال لسلوكه ان يحدد ما اذا كنت ستتعاون معه.					

	١	٢	٣	٤	٥
٤- افترض احد العاملين في قسم آخر اتى اليك عارضاً عليك مساعدته في مشكلة، هل تناقش الموقف كما لو كانت المشكلة كانها مشكلة شخص آخر .					
٥- افترض انك تعد تقريراً أو مشروعاً لاحد نظرائك، فهل تقدمه له حتى وان كنت تعرف في قراره نفسك انك تستطيع اعداده بطريقة افضل.					
٦- حينما يقترب حلول أحد المواعيد المحددة وانت لا تزال بانتظار الحصول على معلومات من دائرة اخرى، فهل تعتقد بان الاخفاق في تزويدك بالمعلومات يعتبر تفسيراً له ما يبرره وتستطيع تقديمه لمديرك حينما يستفسر منك عن مستوى التقدم في عملك.					
٧- أحد نظرائك بالعمل لا يؤدي عمله وفق المستوى المطلوب فهل تتجنب الحديث عن ذلك معه خشية مواجهة أي تصادم بينكما					
٨- هل تواجه صعوبة في تنفيذ المهمات المسندة اليك في الوقت المحدد لها يسبب عدم تعاون الاخرين معك.					
٩- اذا لم يعرف أحد الوقت الذي تباشر فيه عملك صباحا، فهل تصحو متأخراً من النوم.					
١٠- اذا وضع مديرك أهدافاً ترى انها غير واقعية فهل تشتكي للاخرين من ذلك.					

مفتاح الاستقصاء

١٥ نقطة فما دون درجة عالية من صفة تحمل المسؤولية الشخصية

١٦-٢١ نقطة فما دون درجة معتدلة من صفة تحمل المسؤولية الشخصية

٢٢-٢٧ نقطة فما دون درجة منخفضة من صفة تحمل المسؤولية الشخصية

٢٨ نقطة فما فوق بحاجة الى تحسين جوهري

حالة (محمد) التطوير المهني (الذاتي)

قبل عشر سنوات كان محمد يتوقع التخرج بشهادة ماجستير، كان متمكناً نظريا في دراسته. وتم تعينه بعد التخرج مباشرة في احدى الشركات الكبرى وسرعان ما وجد ان عليه تحويل كل ما تعلمه نظرياً الى تطبيقات عملية، استغرقه الامر عدة سنوات حتى يتحول الى اداري متمرس، لكنه احسن فيها عمله فتمت ترقيته مرتين. في أحد الايام وبينما كان يحضر اجتماعاً، سيطر عليه شعور بمحاسبة الذات، كل المدراء الاخرين يدا عليهم انهم اكثر تواصلاً بكثير مع الاساليب الجديدة وكانوا يأتون بالكثير من الافكار الجديدة الى حلقة الحوار، لم يصدق ما كان يرى انه لا يستطيع تذكر آخر كتاب في الادارة قرأه. كان مشتركاً في المجلات الا ان يده لم تكن تمتد اليها وعضويته في الجمعيات الادارية لم تكن اكثر من عملية استعراضية شعر بالضيق. وبدلاً من ان يلقي باللائمة على السنوات التي كرسها في سبيل عمله

وشركته قرر ان يلتحق بحلقة دراسية، لاحظ اعلاناً عنها كان يحمل اسـم (تجديد العمل)، مـاذا كـان هنـاك ليخسره، وفي الحلقة الدراسية سرعان ما تبين ان معظم الحضـور كانوا مثله وهناك غطى المحاضرون العديد مـن الاقتراحات بـدءاً بتغيير العمل وانتهاءاً باعتماد مقاييس. لجعل العمل اكثر تحـدياً ومـن بين المقاييس التي جرى بحثها هـو مقيـاس المواصلة والتواصل المعـرفي والفكـري لرفع الاداء. اسـتحوذ الموضوع عـلى فكـره، اشترى كتاباً وقرأه بهذا المحال، ثم قرر الانتظـام بـدورة اخـرى تستمر (٣) أيام حـول المهـارات الاداريـة لسنوات التسـعينات، بعد بضعة اسابيع شعر (محمد) بالرضى لانه أخذ يسـاهم بتقـديم الافكار الجديـدة في اجتماعـات القسـم الـذي يرأسـه ويتكلم عن معرفة وثيقـة لقد اكتشـف ان احد اسرار التقدم يتلخص في ان تعلم نفسك (التعليم الذاتي)

ماذا تعمل حتى تبقى مواكباً لتطورات مهنتك؟

ماذا تفعل من اجل تعلم الافكار الجديدة؟

أجب بامانة هل انت متواصل مع المستجدات في حقل عملك؟

حالة (سهى) مديرة في شركة الحاسبات (الكشـف عـن افكار الموظفين)

(سهى) مديرة في احدى شركات انتاج الحاسبات كانت مديرة غارقة في العمل حتى اذنيها، عندما جاءها مندوب مبيعات جديد، قدمت له شرحاً عن منتوجات الشركة وبعض من مميزاتها

الاساسية وكيف كانت تختلف عن بعض الحاسوبات ذات المنافسة العالية ثم قالت له الان انطلق للبيع

بعد بضعة اسابيع لاحظت انه لم يبع الكثير من الالات الحاسبة وعندما سألته عن ذلك، اشار الى انه يبدو عليها انها تناسب الشباب مثله في حين ان مندوبي المبيعات الاخرين كانوا يصادفون النجاح لانهم يبيعوا لاشخاص من كل الاعمار.

تلك الليلة استعادت (سهى) فجأة ما سمعته في حلقة دراسية متخصصة في الادارة عن حافز الموظف، تذكرت شخصا كان يشرح قائلاً "اذا كان لديك موظف لا يؤدي عمله على الشكل المطلوب اكتشف ما اذا كان الموظف يعاني من ضعف المقدرة ام ضعف الارادة أو ضعف التدريب. من الواضح ان مندوب المبيعات كانت لديه المقدرة والارادة لذا فان احتمال ضعف التدريب هو الاحتمال المرجح. وفي اليوم التالي استدعت مندوب المبيعات وطلبت منه ان يشرح ماذا كان يدور في رأسه عند البيع، اجاباته جعلتها تدرك انها شرحت له المزايا الفنية للمنتج وحتى استراتيجيات البيع مع الاشارة الى منافع المنتج بالنسبة الى فئات المستخدمين المتنوعة، ادركت ايضا ان مجريات تفكيره محصورة في التساؤل في كيف يمكن ان يكون المنتج مفيداً بالنسبة له وكيف يمكن ان يبيع لاشخاص يماثلونه. ان عوائق التفكير هذه لا يمكن لصاحبها أن يتجنبها لكن يمكن للاخرين ان يفهموها الان تم الكشف عنها وبالتالي امكن للمديرة ان ترتقي بهذا المندوب ليصبح واحداً من افضل مندوبي المبيعات لديها.

كيف يفكر أفضل موظف عندك؟

كيف يفكر أسوأ موظف عندك؟

عند العمل على الارتقاء بالموظفين كيف تقودهم هل عن طريق مجريات تفكيرهم أم عن طريق نتائج تفكيرهم (كيف يفكر؟ لماذا؟)

المراجع والهوامش

أولاً: المراجع والهوامش العربية

١- القريوتي، محمد قاسم، السلوك التنظيمي: دراسة السلوك الإنساني الفردي والجماعي في المنظمات المختلفة، دار الشروق للنشر والتوزيع، عمان، الأردن، ط٣، ٢٠٠٠.

٢- المغربي، كامل محمد، السلوك التنظيمي: مفاهيم وأسس سلوك الفرد والجماعة في التنظيم، دار الفكر للطباعة والنشر والتوزيع، عمان، الأردن، ط٢، ١٩٩٤.

٣- كتب مترجمة من قبل فريق بيت الأفكار الدولية وهي كالآتي:

١. فن تحفيز العاملين، ترجمة د. زكي مجيد حسن.
٢. العملاء دائما على حق.
٣. على حافة الهاوية ولكن تحت السيطرة، ترجمة عيسى- زايد.
٤. كيف تنمي قدرتك على إجراء الاتصالات، إشراف سامي تيسير سلمان.
٥. الاستغلال الأمثل للوقت.

ثانياً: المراجع الأجنبية

1- Bradford, D. L., and Cohen, A. R. Managing for excellence. NewYork: John Wiley & Sons, 1984.

2- Bradford, L. P. Making meeting work: A guide for leaders and group members. San Francisco, CA: Jossey- Bass, 1976.

3- Glassman, E. The creativity factor: Unlocking the potential of your team, San Francisco, CA: Jossy- Bass, 1991.

4- Gordon, T. Leader effectiveness training (L.E.T). The no-lose way to release the productive potential of people. Ridgefield, CT: Wyden, 1977.

5- Harrington- Macking, D. Keeping the team going. NewYork: American Management Association. 1996.

6- Hunter, D. Bailey, A. and Taylor B. The art of facilitation: How to create group energy. Tucson, AZ: Fisher Books, 1995.

7- Montebellow, A.R. Work teams that work: Skills for managing across the organization. Minneapolis, MN: Best Sellers Publishing, 1994.

8- Rees, F. How to lead work teams: Facilitation Skills. San Francisco, CA: Jossey- Bass, 1991.

9- Rees, F. The faciltator excellence handbook. Helping people work creativety and Productivity together. San Francisco, CA: Jossey-Bass, 1998.

Printed in the United States
By Bookmasters